增修

八字百訣

上冊

覺慧居士
溫民生 增修

# 「智理文化」系列宗旨

「智理」明言

中華智慧對現代的人類精神生活，漸漸已失去影響力。現代人，大多是信仰科學而成為無視中華智慧者，所以才沒有辦法正視中華智慧的本質，這也正正是現代人空虛、不安，以及心智貧乏的根源。

有見及此，我們希望透過建立「智理文化」系列，從而在「讓中華智慧恢復、積極改造人性」這使命的最基礎部分作出貢獻：「智理文化」系列必會以正智、真理的立場，深入中華智慧的各個領域，為現代人提供不可不讀的好書、中華智慧典範的著作。這樣才有辦法推動人類的進步。我們所出版的書籍，必定都是嚴謹、粹實、繼承中華智慧的作品；絕不是一時嘩眾取寵的流行性作品。

何以名為「智理文化」？

佛家說：「無漏之正『智』，能契合於所緣之真『理』，謂之證。」這正正道出中華智慧是一種「提升人類之心智以契合於真理」的實證活動。

唯有實證了「以心智契合於真理」，方能顯示人的生活實能超越一己的封限而具有無限擴展延伸的意義。這種能指向無限的特質，便是中華智慧真正的價值所在。

至於「文化」二字，乃是「人文化成」一語的縮寫。《周易 • 賁卦 • 象傳》說：「剛柔交錯，天文也；文明以止，人文也。觀乎天文，以察時變，觀乎人『文』，以『化』成天下。」可見人之為人，其要旨皆在「文」、「化」二字。

《易傳》說：「文不當故，吉凶生焉！」天下國家，以文成其治。所以，「智理文化」絕對不出版與「智」、「理」、「文」、「化」無關痛癢的書籍，更不出版有害於人類，悖乎「心智契合於真理」本旨的書籍。

由於我們出版經驗之不足，唯有希望在實踐中，能夠不斷地累積行動智慧。更加希望社會各界的朋友，能夠給我們支持，多提寶貴意見。最重要的是，我們衷心期待與各界朋友能夠有不同形式的合作與互動。

**「智理文化」編委會**

# 覺慧居士介紹

張惠能博士（覺慧居士），香港大學畢業和任教，修讀電腦科學及專門研究人工智能。少年時熱愛鑽研易經、玄學及命理。廿多年來，深入研究及教授心得，未曾間斷。

覺慧居士「玄學系列」著作：《八字心悟》、《八字心訣》、《八面圓通》。覺慧居士「易經系列」著作：《周易點睛》、《易經成功學》。

# 溫民生介紹

筆者溫民生先生，1978年畢業於香港大學機械工程學系。畢業後取得專業工程師資格，歷任港鐵工程項目主管，房屋署屋宇裝備工程師等職。

溫先生向醉心玄學，2005年始先後從中州派王亭之老先生首徒蔣匡文博士、高徒葉漢良先生習玄空風水及紫微斗數，略有所悟。其後更因緣得遇覺慧居士於中華智慧管理學會，再拜師研習八字，距今已歷逾十寒暑。

溫先生也曾參與修輯覺慧居士再版《八字心悟》，及於中華智慧管理學會每年發報流年預測，並於2017年在學會開授「八字十式」。

# 增修八字百訣

## 八字百訣原書自序

### 命學之「至高境界」

命學之「至高境界」是甚麼呢？有沒有甚麼可以放諸四海而皆準的「絕招秘訣」呢？答案就在《八字百訣》所展示的「方以智」、「圓而神」的基本普遍法則〔通則〕心訣之中。這個以「通則心訣」形式的研究命理方法，並不見於其他命書；其目的就是為了直指命理之核心，希望讀者不要迷失於命理之枝末之中。

在批命論命的過程中擁有一定程度的想像力固然很好，但仍然要以命理之通則循序推埋。命理之通則，亦即是指八字之基本普遍法則，一定離不開陰陽、五行、十神、類象、靈機、流通、旺衰、生剋、制化、形象、氣勢、合沖、成敗、賓主、體用之變化。這種歸類方式，其他命書未曾如此縝密，您若能熟練本書中的「通則心訣」，自然能夠於命學心領神會，日久功深，析理竟原，最後自能悉臻微妙。若能進一步修成命學的「通則心訣」，即是進一步能以命理之「進退抑揚」、「物極必反」通則來修心養性者，並以「真愛」與「慈悲」來幫助他人化解

因命運不能十全十美所帶來的負面心理狀態，才能算是達致命理之「至高境界」。

人生如何才能做到「知命用命」呢？當知談論命理最忌是完全的宿命論。宿命的人甘於命運的安排，因此而喪失了在逆運中奮鬥不懈的精神。所以，寧取不相信有命運這回事，也不可取宿命論。至於若真要做到「知命用命」，就只有能不執著此兩種極端，並緊持著以「真愛」與「慈悲」來改造自己及他人之命運；如能這樣，自然便能成為改善生活、知命用命之大智、大仁，大勇者了。

時代在變，觀念在變，世界在變，正所謂「變幻才是永恆」，所以研習命理，在於「知變」，決不要落入傳統論命彊化的封建思想牢籠。例如在傳統論命中，所謂刑夫剋子的女命，在今天的社會不見得就不好。因為從前的女性以夫為貴、以子為貴，但現代女性的事業成有些就比男性可能還更大；從前封建社會追求百子千孫，所以女子往往只是生兒育女的一部機器，故提倡女子無才便是德、三步不出閨門等，但現代女性也可盡顯才華、巾幗不讓鬚眉，確能掌半邊天了。所以，《八字百訣》便特別提出了論命也必須隨着時代改變而變的大道理。絕不能只是墨守成規，一成不變，這就是命學中「知

變」之道。另一方面，論命也有所謂「萬變不離其中」者，因論命始終也離不開八字之基本普遍法則，即是陰陽、五行、十神、類象、靈機、流通、旺衰、生剋、制化、形象、氣勢、合沖、成敗、賓主及體用等，這就是命學中「不變」之道。只要在命學研究中，能善於分別，了悟清楚何者為「可變」、何者為「不變」，即已能掌握命理中「知萬變」之智慧、深明命理之奧義矣！

對於已有命理基礎的人來說，《八字百訣》能解開您在命學之中許多百思不解的問題。您更能從中領悟三元五行推旋之天機，並循其理以安其命，自在隨緣，明心見性；您更能以之為方便法門，作無畏施，度人迷津，廣結善緣，福慧雙修，讓人世間更美滿，感受人生時時日日是好時節。

覺慧
謹識於戊子年處夏

# 八字百訣八字百訣原書代序

## 去蕪存菁，自成一家

已不記得是那一個年頭開始，每個月的第二個週末下午，在繁盛的山林道上，一棟毫不起眼的大廈裏，熱切而溫馨的、鬧哄哄地，聚集了一群虛懷若谷、好學不倦的朋友。當中不乏博士碩士、傑出學者、企業家、不同行業的精英、退休與專業人士、白領上班族等。不分性別年齡、不分職業學歷、更不論貧富、貴賤與智愚，經常座無虛設，期待著張博士的來臨，分享他對「八字命理」的心得和智慧。他把玄學、佛學、命理與人生，深入淺出，不厭其煩、透徹地闡釋，跟大家分享他經過多年探索、廣博的中華文化的圓融智慧，他精彩的演講，往往透著引人的的魅力，觸動著每一位有緣人的心坎。那是《中華智慧管理學會》每月最受歡迎的免費講座之一。晃眼間數年過去，很多原來對八字命理一無所知，對生命一片混沌的朋友，逐漸成為隨手沾來，便可議論一番的「八字專家」。對生命，有了更深層的體悟；對人性，有更明智的認識；對人生，有著更廣闊的視野和積極的動力。

命運是如此神祕，卻又是如此真實。自古以來，人類對命運，有著無限的好奇和憧憬。孔子在《論語》的《堯曰第二十》終篇裡說：「不知命，無以為君子也；不知禮，無以立也；不知言，無以知人也。」漢武帝劉徹的不朽名言：「不謀萬世界者，不足謀一時；不謀全局者，不足謀一國。」對命運沒有透徹的認識，往往使人迷失在紛亂的表像和瑣事中。人的命運，往往由無數不同的力量相互交錯而成。人雖然很多時被客觀的、無法控制的環境所局限，但歸根結底，最重要的，還是個人的意志和抉擇，它才是決定成敗最重要的因素。孟子說：「天將降大任於斯人也，必先苦其心志，勞其筋骨，餓其體膚，空乏其身，行拂亂其所為。」不利的因素，往往會變為成功的動力，這全看個人的堅毅和努力，精誠所至，金石為開。

中華文化玄學裡的命理學，本源是陰陽五行等易道傳統智慧思想，窮盡人生順逆進退之理，所以根本就是光明正大，並沒有倡導甚麼迷信。可惜今天，有很多人都掉進了盲目迷信命理的陷阱，這「迷」與「不迷」，分冶在於心態。凡是自己抱有不勞而獲之心、或心存歪念，對命理往往便不能以理性來判斷，自然容易迷信算命，並只懂盲目地跟從「算命先生」的「指點」。反之，若能透過命理學，更明白自己的

性格盲點、命運順逆的奧秘和變化規律，然後根據理性及客觀的分析，審時度勢，作出明智抉擇的，就絕不是「迷信」，而是「生命智慧」。可惜接觸命理學的眾生，總是「迷」的多，「智」的少。南懷瑾先生說得好，學習玄學，最重要的是能分清什麼是「可信」，什麼是「不可信」。

科學的精神在求真，對於一切能幫助揭開宇宙奧秘的蛛絲馬跡，都不應存有任何偏見，應抱著「敞開創意、大膽嘗試、小心求證」的客觀態度，去探求真理。現代的統計學，強調準確性與實用性，例如在管理學、電子與工程學裡的系統理論(System Theory)中的黑箱論(Black Box Theory)，著重輸入(Input)和輸出(Output)的實用效果，流程中的操作(Throughput)和科學原理反而顯得次要，有時甚至不知其理，只重其終極效果。又如常用的「混沌邏輯」(fuzzy logic)等類似例子，俯拾皆是。八字命理學，可以說是中華文化裡一種「知其然而不知其所以然」的智慧，雖早已經過千百年的實踐，證明有一定程度的準確性，備受當時的有識之士重視，可惜對於一些現代「迷信」科技或別有用心的人來說，不單不曾考慮客觀地研究先哲們積累的寶貴經驗和「不解之迷」、尊重人類文化凝聚的智慧，甚至看成為「妖言惑眾」的「異端邪說」，予以鄙夷及排斥；又或利用其「神秘性」

而招搖撞騙，成其私慾，這是很可惜的現象。科學，猶如宇宙大海裡一張無限量地伸延的大網，試圖把海裡的一切物體網羅起來。但無論這張網有多神通廣大，總會有「漏網之魚」。我們不應把網羅不到的，就不承認它們的存在和價值。世間的學問，除理性外，尚有非理性及其他人類未知的範疇。正如莊子苦口婆心地指出：「計人之所知，不若其所不知；其生之時，不若未生之時；以其至小，求窮其至大之域，是故迷亂而不能自得也。由此觀之，又何以知毫末之足以定至細之倪，又何以知天地之足以窮至大之域！」

張博士出身理科，深受西方教育的薰陶，他的博士論文專研電腦人工智能，是典型的現代科學教育培育出來的社會精英。而在全然理性的知識探求中，張博士意識到理性和科學方法的局限，開始研究非理性玄學的奧秘，鑽研命理之學，並在佛家的領域中，尋到人生的真諦。在研習的過程中，經歷無數案例的實踐，開始更體會因果的報應、命運的玄機、眾生的苦惱。抱著慈悲為懷的菩薩心腸，實踐自度度他的宏願，雖面對眾生難度，亦誓願度。其志向和奉獻的精神，令人欽佩。張博士研習八字命理多年，遍閱古今典籍，經歷不少迷途之苦，最後經過無數實踐和驗證，去蕪存菁，自成一

家。配合現代科學理據，綜合多元學科和客觀分析，用以判斷個人性格和命運，它的準確性每有奇效，因而稱頌于友輩，求學者日眾。《八字百訣》是張博士年來開辦「八字百訣」講座的精華，累篇成書，用以普渡有緣人，格物而致知、誠其意、正其心、而後修身齊家治國平天下。

智慧無價。在毫無保留的傾囊傳授過程中，張博士經常強調修心養性和堅信因果的重要。一句無心之失，可以「造孽」，一句善心之詞，可以「救世」。去私慾、常懷慈悲心、自度度他、福慧雙修，願與有緣者共勉。

> 中華智慧管理學會會長
> 彭泓基（常空居士）
> 戊子年冬

# 八字百訣八字百訣原書代序

## 心法中之心法

孔子曰:「不知命,無以為君子;不知禮,無以立也;不知言,無以知人也。」古往今來,大學者大思想家大政治家,無不精通命理,或旁通五術(山、醫、命、相、卜)。所以,管子善易卜,曾國藩傳冰鑑,以及儒生士大士們應有「不為將相,便為良醫」的氣魄!

從前的五術,多於儒生學者羣中玩味;時至今天,科技發達,人們已經可推進火星之門,互聯網更把整個外面世界濃縮到一部電腦之內;現代人真的可以足不出户而知天下事。可惜,科技越進步,人心越膽怯;資訊越普及,內心越空虛;全因我們更加了解自身的無助,或命運的不合理性。

故孔子又曰:「四十而立,五十知天命。」當我們遇到挫折,午夜夢迴時,常常捫心自問,是否命該如此,或曰天意弄人;是以我們更應懂得立身知命的道理和順流逆流的可貴。

然而，想知命或不服輸的我們，開始研究命理，意圖一窺自身命運的關鍵，從而趨吉避凶，化險為夷，以免鑄成大錯；又或順風順水之際，能夠乘風破浪，一登龍門，從此大富大貴；殊不知性格決定命運，每十年、十二年來一次測驗，如果我們不能改變自己性格，仍然會一錯再錯；到最後回首一生，我們還是會慨嘆為何如此，為何偏偏選中我！

所以學命的我們，要先檢查自己的動機，是為了幫助別人，或是糊口，或純粹意圖偷窺生命的奧秘。但不論如何，懂論命的要教人樂天知命，更要學懂說話的藝術和技巧。

話說回來，學命理之術，根基要穩，應先學八字為佳。但子平八字之艱深，已經是公認不爭的事實。傳統命理之術，我們通常學用神，十神，通關，調候，格局，扶抑，洩剋；不過，依我自己學習經驗的心得，就算學懂了這些方法，還是不能鐵筆論命。原因是這些方法論，只是大原則，不能死背瞎用，正如一招功夫不能用老，要靈活變通，當下變招，才是真功夫，方是大師傅。

覺慧居士，得天獨厚，聰敏過人，親看他論命是人生快事，因他不廢吹灰之力，手到拿來，點中要害，往往令人目瞪口呆，讚嘆不已。但其實最重要是他論命時說話的藝術，使人重拾信心，安心上路，繼續拼搏。

覺慧居士有鑑於我們學命理者，很多時候不得其門而入，編了這百訣來幫助學人，這些都是他論命多年經驗之總結，亦即心法中之心法；對於已有少少根基，和對以上提及的方法論有少許認識的我們，如果能夠思考這些心法，當我們遇到難題時，或此路不通時，嘗試用這些秘訣來打通關節筋脈，我保證大家的論命命中率可以更上層樓。

我希望讀者慢慢細嚼百訣的心法，更希望這書能夠一紙風行，造福學人，因為只有樂天知命才是真君子。

通明居士
寫於戊子年冬至
通明書齋

# 八字百訣八字百訣原書代序

## 八字研究中的聖經

認識覺慧居士已久，初時看到的是他於科學研究的成就；他在上世紀於國際級會議所發表的學術論文，已證明他的思想走在人類最尖端的位置。認識愈深，愈佩服覺慧居士非凡之想法：他打破固有既定的觀念，將術數和統計學集合研究，將傳統的知識與科學結合，更把其概念以簡單易明的文字向大眾演繹，將一向令人覺得神秘和高深莫測的術數知識，有系統地展現於讀者面前。

《八字百訣》深入淺出，是一本理論精密，又具有實踐價值的作品。本書內容涵蓋廣泛，百訣雖是各自獨立、立竿見影，合起來卻又能完全窮盡了八字命理中的普遍法則，所以本書將會是八字研究中的聖經。書中百訣，更引用了數以百計的大眾熟悉的人物作命例，令讀者能輕易地從中體會每一個心訣的奧秘。

很多人接觸到八字命理，便往往會被其準確性所吸引。然而一般人與玄學緣淺，坊間真正明師難尋，故而明知八字於人生的影響，卻又未能依循正確方法去學習，故不能達致知命用命的境界。

玄學學問博大精深，當中任何一門學問，也能讓人窮一生之力去鑽研。要有效地步入學習八字的門檻，要了解這我國五千多年的文化累積而來的知識，殊不容易。能接觸到本書，是閣下與覺慧居士之緣，亦是閣下與八字命學之緣。請莫讓知命用命之良緣擦身而過，務必好好細味本書，閣下必能有所頓悟。

林月菁

# 八字百訣八字百訣原書代序

## 常於命理覓無常

少年時，出於對未來的好奇，很喜歡算命。中學時，一位會算命的老師說我是「鳳命」，將來不用工作，做做慈善事業便可。當時我想，不工作豈非很沉悶？九十年代，我開始對術數產生興趣，曾跟一位屬神煞派的朋友學八字。她把我的八字抄到黑板上，排出運程，然後說到我出情況的那一個運，是「官行官運，破鏡殳婚」（意即八字原局有官星，再遇大運中的官星，主夫妻分離）。也曾光顧在路旁的算命檔，其中一位預測我從這個運開始，就如「黃鱔上沙灘，唔死一身潺」。

這些預言都非同小可。自此，十多年來，我很留意將會有什麼特別的事情發生在自己身上。由於先生往外地工作，我相對地較清閒，自九十年代中期始，只幹些公職和兼職差事。中學老師的預言算是靈驗了。最想不到的是，到了「官行官運」的那個運道，果然就是夫妻分隔，天各一方。萬幸的是，那運道過去之後，夫婿又順利回來。不過，「唔死一身潺」的那個斷言，暗示將來還有隱憂，而略懂八字的自己在細察運道後，亦了然未來尚有災殃，現在是

茫然無所覺而已。

最大的幸運是自己在1997年前後開始親炙佛學，心靜如水，凡事皆能以平常心待之，遇挫折則以「還業」或「修行機會」來安慰自己。再不安便持咒唸佛，便能領悟處處齊平之境。近年有機會隨覺慧居士修學佛法，更是難得的機緣。奇異的是，認識覺慧居士，卻是從八字班開始。覺慧老師熱情、熱心，給我留下深刻印象。後來了解到老師將開講佛經，除了「壇經禪修」、「楞伽禪修」及「圓覺禪修」，還將開辦「楞嚴禪修」，恰好都是我有興趣修習的佛經。正是因八字而結法緣，巧妙離奇。

本來經多年修習而只寸進，我對術數已開始荒疏。學佛後更認定佛是大道，術是小道，漸行漸遠。近年因家事沖刷，未能免俗，常於命理覓無常。加上友儕中不時有難解難脫各式網羅，舉凡牢獄之災，抑鬱而欲覓短見，種種災厄，覺慧老師皆能循循善誘，通過對八字的分析解說，引迷者出幽廓。使我漸悟八字命理，只是工具，既可導人入迷，誤陷宿命，無所作為；亦可助人撥清雲霧，知命造命，更上層樓。

老師年前已撰寫《八字心悟》，及把面相與八字結合的《八面圓通》，今再出版《八字百訣》。

對「八字」這個生命密碼感興趣的朋友，萬勿失諸交臂，值得把老師這幾本書都找來仔細閱讀，相互參詳研究。

敏儀
2008年平安夜

# 八字百訣八字百訣原書代序

## 有系統的八字命理推算鍛鍊

《八字百訣》是八字命理學的新突破！

《八字百訣》中所傳授的一百個絕招秘訣，內涵廣泛而不被局限！這一百個秘訣並不是甚麼標奇立異，也不是在玩弄甚麼花巧創新，《八字百訣》只是在提倡「實際」，主張「直接了當」。若説《八字百訣》是一派新八字命術，倒不如將之比喻為「有系統的八字命理推算鍛鍊」。

覺慧居士曾經説過：「當你完全明白八字命理之道時，你便會知道八字命理中是沒有任何一種固定的『格式』或『流派』的。」換言之，覺慧居士強調『八字命理之道』，並不能如甚麼神煞派、調候派、十神派、捉用神派、賓主體用派〔盲派〕等流派般只重視某一些型式格局來論命。所以《八字百訣》所顯示的八字命理的技術和理論範圍，可以説是各種玄學、各命理流派的精粹所溶滙，配合上直接有效的技巧和理論而成，而施用時則是以最簡單而經濟的方法去推算，務求能「一眼看穿、一語道破」每一個八字的底蘊。

《八字百訣》傳授了八字論命的一百個秘訣。覺慧居士曾經說過：「所謂『百訣』，其實也只是一個假數，請不要在這個數字中鑽牛角尖，這僅是象徵圓滿的一個代號！」簡單來說，《八字百訣》就是一條十分方便的八字命理捷徑，它會引領您登入八字命理之殿堂，終能功德圓滿。當然，最主要的，還是要靠學習者在論命鍛練中的切身感悟；因為就算是一部天書，無論如何，也僅僅是引導您的一個輔助工具，至於能否成功，最終還是要如禪宗所說「自修自證自悟」呢！

最後，希望《八字百訣》這本書，能帶領您進入八字命理學最高的境界，並且藉以為人指點迷津，自利利他，使社會更和諧，世間更美好，這正是覺慧居士毫不保留地傾囊相授的菩薩心懷。

簡德明

# 《增修八字百訣》

## 溫民生　序

余自2006年始從吾師覺慧居士（張惠能博士）學習八字命學，轉眼逾十寒暑矣。

師之《八字心訣》自2009年1月出版，未幾迅速登上香港商務印書館十大暢銷玄學書籍榜，可見香港不乏具慧眼讀者，亦示老師是以赤誠與讀者分享心得者也。

《八字心訣》是老師繼《八字心悟》後發表的另一玄學系列作品，其後老師陸續出版的計有《八面圓通》（八字面相學）；易經系列的《周易點睛》與《周易成功學》等，為學者提供立身處世的陽明解惑正解。

《八字心訣》當初成書分上下篇共一百訣而成。以淵海子平，滴天髓為基，正五行學理為輔，盡透干支鬼藏神機。讀者能用心參悟，反複應用，久之自可暢行天下矣。

今老師應出版商力邀，再版此一紙風行斷版多時的經典，正名為《增修八字百訣》，沿用前《八字心訣》的編排，將全書分為上下兩冊發行。究其原因，吾師欲與有緣人分享他經歷過去十年持續研究八字批命和修行的心得，尤其是由吾師始創之化繁為簡的八字十式，以及吾師把其參悟道家聖者之修真心法、陰陽五行之修道悟證，還有導人御正道處世的周易成功心法等，均一一納入此增修版內，故其內容比舊版加倍充實，為方便學者輕鬆閱讀故，是以分為兩冊發行。

本增修版上冊乃八字之基礎理論共七十五訣，配相關命例逐一闡明，由淺入深，助有志此道之讀者築基；而下冊選用滴天髓之精華共二十五訣，分為滴天髓心悟之初關，重關和牢關。而下冊附篇則收錄了以下之命學濃縮精華，計有：

附錄一：八字十式

附錄二：滴天髓口訣

附錄三：梅花易數

附錄四：陰符經

一書而兼如此豐富珍貴資料，確實是一本作為
八字玄學愛好者不容錯失的寶典呢。

余有幸奉師命為此書作修訂並賦序，實有榮
焉！

　　　　　　　　學生　溫民生　恭謹頂禮。
　　　　　　　　　記於己亥年初夏

# 增修八字百訣

# 目錄

## 【上篇：方以智】

第一章：陰陽五行

# 八字百訣

## 【上篇：方以智】

## 第一章：陰陽五行

### 第一訣：陰陽訣

1. 易云：「陽剛而陰柔」。
2. 四柱純陽：心直口快、外向好勝。
3. 四柱純陰：口是心非、玩弄陰謀。

### 命例：

1. 四柱純陰：
   袁世凱：己未、癸酉、丁巳、丁未。
   (《八字心悟》第135頁)
2. 四柱純陰：
   霍英東：癸亥、丁巳、癸未、丁巳。
3. 四柱純陽：
   鍾楚紅：庚子、戊寅、甲戌、丙寅。
   (《八字心悟》第211頁)
4. 四柱純陽：
   風塵女子：甲辰、戊辰、戊子、甲寅。
   (《八字心悟》第213頁)

## 第二訣：寒熱訣

1. 過寒者往往是待人冷漠無情，過熱者往往是性急心焦。

2. 陽氣（熱）屬仁，陰氣（寒）屬貪。陽多陽盛主仁，陰重陰盛主貪。

3. 寒熱適中為佳造，主事業成就。命局太寒，用熱來調氣；命局太熱，用寒來調氣。

## 命例：

1. 寒熱適中：

   左宗棠：壬申、辛亥、丙午、庚寅。

   （《八字心悟》第151頁）

2. 寒熱適中：

   朱尚書：丙戌、戊戌、辛未、壬辰。

   （《八字心悟》第151頁）

3. 寒熱適中：

   李澤楷：丙午、己亥、辛未、壬辰。

   （擇自《八面圓通》）

4. 寒熱適中：

   劉鏞：甲子、丙寅、己丑、甲子。

   （《八字心悟》第151頁）

5. 寒極：

   凶命（乾造）：壬子、壬子、辛卯、辛卯。

   （《八字心悟》第153頁）

6. 熱極：

貧而瞽目（坤造）：戊戌、丁巳、戊戌、戊
午。（《八字心悟》第153頁）

## 第三訣：濕燥訣

1. 過於濕者，滯而無成。
2. 過於燥者，烈而有禍。

## 命例：

1. 過濕：

乞丐命（乾造）：辛丑、辛丑、癸酉、辛酉。
（《八字心悟》第152頁）

2. 過燥：

梅豔芳：癸卯、壬戌、丙戌、丁酉。
（《八字心悟》第194頁）

3. 稍燥：

戴安娜王妃：辛丑、甲午、乙未、丙子。
（《八字心悟》第194頁）

4. 適中：

香港：丁丑、丙午、甲辰、甲子。
（《八字心悟》第90頁）

## 第四訣：水智訣（五行訣之一）

1. 水主智，主機靈應變，善抽象思維，會說
話，面面俱圓。

2. 水為潤下，主愛服務羣眾。善於應變、口才、外交、交際。

3. 水強旺能流通者：愛服務羣眾。善於創作、應變、口才、外交、交際、記憶。

4. 水過旺為忌又欠流通者：其中陰柔者，水氣鬱積，陰寒盛，主行動力弱，愛幻想多於行動；善變、性情不穩定。其中陽剛者，愛說慌、貪念、賭博、走偏門、任性、色情、享樂、酒色、陰謀、邪教。

5. 水缺者，傲性，包融力差。


**命例：**

1. 水強旺流通為用：
   鄧小平：甲辰、壬申、戊子、甲寅。
   （《八字心悟》第114頁）

2. 水強旺流通為用：
   毛澤東：癸巳、甲子、丁酉、甲辰。
   （《八字心悟》第194頁）

3. 水過旺為忌又欠流通者：
   李澤楷：丙午、己亥、辛未、壬辰。
   （擇自《八面圓通》）

4. 五行欠水：
   陳方安生：己卯、丁丑、己未、丙寅。
   （《八字心悟》第107頁）

## 第五訣：火禮訣（五行訣之二）

1. 火主禮，主溫煦、明亮、有禮、融化，剛中帶柔，是最佳之協調高手。火為文明之象，非常注重外表，喜歡美麗之東西。

2. 火為炎上，主熱情。血脈充足，靈活，有向上及向外擴散。

3. 火強旺能流通者：火形人精力充沛、靈活、熱情、外向、鬥心重。但並不火爆，並不難相處，因火主禮，反而容易壓抑自己，不愛與人爭長短，奉公守法、凡事易順從，對團體、公眾的事有較大興趣。

4. 火過旺為忌又欠流通者：其中陽剛者，鬥心重，愛擴展自己影響力，內心急躁。其中陰柔者，過於拘謹守禮，形成過份保守的性格。

5. 火缺者，欠缺上進心及外向心（如同時缺金者尤甚）。

## 命例：

1. 火強旺流通：
   周恩來：戊戌、甲寅、丁卯、丙午。
   （擇自《八面圓通》）

2. 火強旺流通：
   新馬師曾：丙辰、乙未、丁巳、庚子。
   （《八字心悟》第194頁）

3.  火強旺流通：
    克林頓：丙戌、丙申、乙丑、丁亥。

4.  火強旺流通：
    陳方安生：己卯、丁丑、己未、丙寅。
    （《八字心悟》第107頁）

5.  五行欠火：
    乞丐命（乾造）：辛丑、辛丑、癸酉、辛酉。
    （《八字心悟》第152頁）

## 第六訣：土信訣（五行訣之三）

1.  土主信，主土直、誠實忠厚、務實、踏實，
    事事親力親為。

2.  土為稼穡，主能生、長養萬物、化育眾生；
    主能藏、土能載物、廣納廣收，故代表財
    富；主能忍、土最大愛、最寬容、能包容
    萬物。

3.  土強旺能流通者：誠實忠厚、務實、踏實、
    操勞、事事親力親為。能生、能藏、能忍。

4.  土過旺為忌又欠流通者：其中陰柔者，佔
    有物多，過份喜歡眷顧別人，過份包容護
    短。其中陽剛者，頑固不化、反應不夠靈
    敏，甚至遲鈍。

5.  土缺者，欠缺物質生活和享受，較自我。

## 命例：

1.  土過旺為忌又欠流通：
    董建華：丁丑、乙巳、丙辰、己亥。
    （擇自《八面圓通》）

2.  土強旺為用：
    陳方安生：己卯、丁丑、己未、丙寅。
    （《八字心悟》第107頁）

3.  土強旺能流通：
    龔如心：丁丑、己酉、己未、壬申。

4.  土強旺：
    李嘉誠：戊辰、戊午、甲申、癸酉。
    （《八字心悟》第172頁）

5.  五行欠土：
    凶命（乾造）：壬子、壬子、辛卯、辛卯。
    （《八字心悟》第153頁）

## 第七訣：木仁訣（五行訣之四）

1.  木主仁：君子之仁、廣結善緣、善於人際
    關係，但不善與人爭吵。若能木火通明者，
    謀略決斷，善於深思，是理想之智慧家。

2.  木為曲直、不斷伸張及發展，進取心重。

3.  木強旺能流通者：心地善良、廣結善緣、
    善於人際關係。謀略決斷，善於深思，是
    理想之智慧家。不斷伸張及發展，進取心
    重。

4. 木過旺者又欠流通者：其中陰柔者，太愚仁，容易受騙；太情緒化，脾氣不穩，孤僻木納，相反形成不思進取。其中陽剛者，好勝心過重，不安於現狀。

5. 木缺者，較貧婪，不容易吃虧。

**命例：**

1. 木強旺能流通者：
   岳飛：癸未、乙卯、甲子、己巳。
   （《八字心悟》第133頁）

2. 木強旺能流通者：
   周恩來：戊戌、甲寅、丁卯、丙午。
   （擇自《八面圓通》）

3. 木強旺為用：
   鄧小平：甲辰、壬申、戊子、甲寅。
   （《八字心悟》第114頁）

4. 木強旺為用：
   孫中山：丙寅、己亥、辛卯、庚寅。
   （《八字心悟》第109頁）

5. 五行欠木：
   袁世凱：己未、癸酉、丁巳、丁未。
   （《八字心悟》第135頁）

6. 五行木弱極：
   和珅：庚午、乙酉、庚子、壬午。
   （《八字心悟》第135頁）

7. 五行欠木：
   賈似道（宋朝大奸臣）：癸酉、庚申、丙子、丙申。（《八字心悟》第133頁）

## 第八訣：金義訣（五行訣之五）

1. 金主義：富正義感，有傲性，殺傷力大。

2. 金為從革：剛毅兼有韌度，所謂百煉鋼繞指柔。故能堅毅不屈、清冷穩重、剛柔並濟，能屈能伸。金為權勢，金的權重性、抗壓性及領導性極強。金光燦爛，注重外表，喜歡美麗之東西。

3. 金強旺能流通者：堅毅不屈、清冷穩重。精明幹練，態度嚴肅，貫徹目標。剛健主動，控制慾強，性好掌權，自我領域性強。個性權威始終如一，絕不退讓。

4. 金過又欠流通者：其中陽剛者，血氣旺盛，剛健主動，控制慾強，殺氣極大；其人極衝動及易產生邪念；主血光、災難、官非、口舌之爭、搶奪、刑殺、抗爭、謠言誹謗、暗昧緋聞不絕。其中陰柔者，口是心非、玩弄陰謀，過份注重外表。

5. 金缺者，處事欠冷靜，又欠遠見。

## 命例：

1. 金強旺能流通者：
   孔子：己酉、癸酉、庚子、丙子。
   （《八字心悟》第194頁）

2. 金強旺能流通者：
   曾蔭權：甲申、癸酉、甲辰、辛未。
   （擇自《八面圓通》）

3. 金較強旺：

李鵬飛：庚辰、庚辰、丁酉、甲辰。

（擇自《八面圓通》）

4. 金過強旺：

賈似道（宋朝大奸臣）：癸酉、庚申、丙子、丙申。（《八字心悟》第133頁）

5. 金過強旺：

和珅：庚午、乙酉、庚子、壬午。

（《八字心悟》第135頁）

6. 金強旺為忌：

盜賊命（乾造）：辛巳、戊戌、乙丑、辛巳。

（《八字心悟》第152頁）

7. 五行欠金：

香港：丁丑、丙午、甲辰、甲子。

（《八字心悟》第90頁）


## 第九訣：五行之十神象訣

1. 金強旺者：金為權勢，金的權重性、抗壓性及領導性極強；故主貴，有官殺之象。

2. 水強旺者：善於創作、應變，有口才、善於外交、好交際；故主名，有食傷之象。

3. 木強旺者：木過旺者，太愚仁，容易受騙，有比刧爭財之象。

4. 火強旺者：容易壓抑自己，過於拘謹守禮，
   形成過份保守的性格；奉公守法、凡事易
   順從，對團體、公眾的事有較大興趣；故
   主權，有印星之象。

5. 土強旺者：能生、長養萬物、化育眾生；
   能藏、土能載物、廣納廣收，故代表財富；
   故主財，有財星之象。

## 命例：

1. 金強旺有官之象：
   李鵬飛：庚辰、庚辰、丁酉、甲辰。
   （擇自《八面圓通》）

2. 土強旺有財之象：
   董建華：丁丑、乙巳、丙辰、己亥。
   （擇自《八面圓通》）

3. 火強旺有印之象：
   克林頓：丙戌、丙申、乙丑、丁亥。

4. 水強旺有食傷之象：
   李澤楷（食傷過旺為忌，故口吃）：丙午、
   己亥、辛未、壬辰。（擇自《八面圓通》）

第二章：十神類象

## 第二章：十神類象

### 第十訣：正、偏神訣

1. 財、官、印、食、比，傳統命學稱之為正神，又稱善神。才、殺、梟、傷、劫、傳統命學稱之為偏神，又稱惡神。

2. 四柱純為正神者，主保守溫和；純為偏神者，主較偏執。

3. 所謂「至於名稱善惡，無關吉凶。為我所喜，梟傷七殺，皆為吉神；犯我所忌，正官財印，同為惡物，不能執一而定論，在乎配合得宜而已。」

4. 所謂「善而順用之」，所以傳統命學一般認為：「財喜食神以相生，生官以護財；官喜透財以相生，生印以護官；印喜官殺以相生，制劫以護印；食喜生旺以相生，生財以護食。」因為「善而順用」，則能與正神原來「保守溫和」之性格一致。

5. 所謂「不善而逆用之」，所以傳統命學一般認為：「七殺喜食神以制伏，忌財印以資扶；傷官喜佩印以制伏，生財以化傷；羊刃喜官殺以制伏，忌官殺之俱無；月劫喜透官以制伏，利用財而透食以化劫。」因為「不善而逆用」，方能與控制偏神原來過於「偏執」之性格。此順逆之大格也。

6. 凡偏正混雜者，性格較矛盾反復，容易舉
   棋不定，故古書云：「縱為富為貴亦不巨。」

## 命例：

1. 正神強旺：
   曾蔭權：甲申、癸酉、甲辰、辛未。
   （擇自《八面圓通》）

2. 正神強旺：
   劉鏞：甲子、丙寅、己丑、甲子。
   （《八字心悟》第151頁）

3. 偏神強旺：
   戴安娜王妃：辛丑、甲午、乙未、丙子。
   （《八字心悟》第194頁）

4. 偏神極強旺：
   擇自《三命通會》的盜賊命：辛巳、戊戌、
   乙丑、辛巳。（《八字心悟》第152頁）。

5. 偏正混雜：
   李澤楷：丙午、己亥、辛未、壬辰。
   （擇自《八面圓通》）

6. 偏正混雜：
   陳方安生：己卯、丁丑、己未、丙寅。
   （《八字心悟》第107頁）

## 第十一訣：十神心性訣

1. 正官心性：善於自制、誠實守法、保守端正、溫和謙恭。過旺者易流於膽小怕事、寒酸小氣、墨守成規、意志不堅。

2. 七殺心性：俠義好勝、豪邁直言、性急好鬥、剛烈警剔、有權威、權力慾強。過旺者易流於多交損友、喜酒色財氣、性偏激叛逆、膽大妄為、急躁、好爭執、好破壞、外勇內怯、多疑、男盜女娼。

3. 正印心性：有涵養、好學、心地善良、文靜祥和、重權重責，所以勞心勞力，是個有信用之人。過旺者易流於缺乏進取、遲鈍消極、依賴性重、利己心強，故庸碌小成。

4. 偏印心性：重視精神生活、多才多藝、悟性高、感受力強、創造力強、做事能幹、注重效率。孤僻內向、思想行為怪異、表達力弱、做事愛理不理、有始無終、多疑。過旺者易流於孤僻內向、思想行為怪異、表達力弱、做事愛理不理、有始無終、多疑。

5. 比肩心性：穩健剛毅、勇敢冒險、積極進取、自尊和善、喜與同年朋友共同做事。過旺者反為剛腹自用、自以為是、爭強好鬥、孤僻不合羣、性格不穩定。多勞少獲、求財心切、熱愛投機。

6. 劫財心性：客氣、熱誠坦直、精明幹練、個性剛強、執着和堅持。過旺者反為外表和藹但內心無情、強悍自大、蠻橫沖動、喜歡暴力破壞、不善理財、喜投機。

7. 食神心性：性情溫和中庸、氣度寬宏、才華發露、有口福、身心愉快、長壽之人。過旺者反為好發白日夢、自命不凡、迂腐懦弱、喜鑽牛角尖、故多愁善感。

8. 傷官心性：多才多藝、創意特強、擅口才、敢於挑戰權威。過旺者反為。過旺者反為不守規矩、具叛逆性、多學而不精、心高氣傲、鋒芒過於外露、刻薄殘忍、氣異狹窄、桀傲不馴。

9. 正財心性：為人誠實儉約、有理財能力、思想保守和講求現實、性喜平安、視平常是福、愛情專一。過旺者反為好逸惡勞、懦弱無能、死板、內心吝嗇但卻難任財、經常性財困、易為情破財。

10. 偏財心性：聰明機伶、敏捷好動、慷慨豪爽、不計小節、處事圓滑、做事帶有以利為主之策略性。過旺者易流於虛浮、貪情多慾、浮誇浪費、虛榮心重。

**命例：**

1. 偏財財氣通門户：

   李嘉誠（偏財財氣通門户，做事帶有以利為主之策略性；申癸辰暗三合化水為用，水為印星，好學，勞心勞力、是個有信用之人）：戊辰、戊午、甲申、癸酉。（《八字心悟》第172頁）

2. 七殺強旺為用：

   袁世凱（七殺強旺為用，有權威、權力慾強，故能逐鹿中原）：己未、癸酉、丁巳、丁未。（《八字心悟》第135頁）

3. 偏財財氣通門户：

   賈似道（宋朝大奸相，偏財財氣通門户，做事帶有以利為主之策略性；七殺強旺，權力慾強，故官居極品）：癸酉、庚申、丙子、丙申。（《八字心悟》第133頁）

4. 食神為用：

   鍾楚紅（食神為用，性情溫和中庸、身心愉快）：庚子、戊寅、甲戌、丙寅。（《八字心悟》第211頁）

5. 身弱七殺過強旺：

   擇自《三命通會》的盜賊命（身弱七殺過強旺，男盜女娼）：辛巳、戊戌、乙丑、辛巳。（《八字心悟》第152頁）

6. 印過旺者：

乞丐命（乾造）（印過旺者，易流於缺乏進取、遲鈍消極）：辛丑、辛丑、癸酉、辛酉。（《八字心悟》第152頁）

## 第十二訣：十神『富、貴、權、名』訣 （十神象訣之一）

1. 財主富。
2. 官殺主貴。
3. 印主權。
4. 食傷主名。

**命例：**

1. 財主富：

   李嘉誠（偏財財氣通門戶，正富；申癸辰暗三合化水為用，水為印星，主權）：戊辰、戊午、甲申、癸酉。（《八字心悟》第172頁）

2. 印主權：

   曾蔭權（申癸辰暗三合化水為用，水為印星，重權多於一切；官星得令，主貴）：甲申、癸酉、甲辰、辛未。（擇自《八面圓通》）

3. 印主權：

   董建華（木為印星為用，印主權）：丁丑、乙巳、丙辰、己亥。（擇自《八面圓通》）

4. 食傷主名：

   鍾楚紅（食神為用，主名）：庚子、戊寅、甲戌、丙寅。（《八字心悟》第211頁）

5. 食傷主名、財主富、官殺主貴：

   狀元命（身旺食傷成局財殺強，食神為用主名，財殺強主富貴）：乙丑、丙寅、甲戌、庚午。（《八字心悟》第146頁）

## 第十三訣：十神『根、苗、花、果』訣（十神象訣之二）

1. 印有『根』之象，代表幼年至青年時期。《八面圓通》云：「上停為面的開端，主要代表幼年至青年時期的家庭生活，故可以引伸為『八字命理學』的印星。印星代表長輩與父母、知識與智慧、學業與事業、個人的責任感、政府及公共大機構等。」

2. 比劫有『苗』之象、代表青少年時期。財星及官星有『花』之象，代表成年、壯年及中年時期。《八面圓通》云：「中停是面的中間部位，主要代表青年至中年時期的生活，可引伸為『八字命理學』的日主、比劫星、財星及官星。代表自我、兄弟姊妹及同輩、夫妻及感情事、財富、官貴等。」

3. 食傷有『果』之象，代表晚年時期。《八面圓通》云：「下停為面的底部，主要代表晚年時期的生活，故可引伸為『八字命理學』

的食傷。食傷能表現一個人的飲食享受、思想及口才、欲求、名譽、社交生活、子女、晚輩及下屬、資產等。」

**命例：**

1. 李嘉誠（申癸辰暗三合化水為用，水為印星，『根』之吉象，少年勤儉，打下事業良好根基。偏財財氣通門戶，『花』之吉象，壯年及中年階段，財富成就驚人；食神得令，有『果』之吉象，故晚年能享福壽雙全）：戊辰、戊午、甲申、癸酉。（《八字心悟》第172頁）

2. 梅豔芳（印星逢合，不能為用，『根』之凶象，故童年極艱苦；身弱難任財官，『花』之凶象，故感情都遇人不淑，人財兩空；身弱難任食傷，『果』之凶象，故英年早逝）：癸卯、壬戌、丙戌、丁酉。（《八字心悟》第194頁）

3. 李澤楷（天干為官、印、日元、食神重重相生，有『根、苗、花、果』上吉之象，如非心術不正，本可一生無憂）：丙午、己亥、辛未、壬辰。（擇自《八面圓通》）

4. 擇自《滴天髓徵義》的僧命（食神死絕，『果』之凶象，故中年後剋一妻二妾四子，貧而無依，孤苦不堪，削髮為僧）：庚寅、壬午、戊午、丁巳。（《八字心悟》第84頁）。

第二二章：

用神玄機

# 第三章：用神玄機

## 第十四訣：流通訣

1. 「五行」流通的規則（或流通的路線）是：天干與地支，必須同處一柱，才能相生；異柱干支不能直接相生。天干與天干、地支與地支，須緊貼相生；干與緊貼的鄰干直接相生，支與緊貼的鄰支直接相生。

2. 倘若「五行」在命局不能流通，也可藉着流年大運的五行「通關」，使其流通。

3. 批命和論運時，皆以五行能流通、能達致平衡中和的狀態為喜。

4. 身旺喜順流。

5. 身弱官殺旺喜逆流。

## 命例：

1. 孫中山先生（日元辛金身弱，從月支亥水起源，水木火土金逆流而行，至庚辛為止。五行循環不息為用，信義禮智信俱備、人格完美之象）：丙寅、己亥、辛卯、庚寅。（《八字心悟》第109頁）

2. 五行流通之上佳命造（辛丑巳暗三合化金、逆生天干癸水地支子水、逆生日干甲木時支寅木、順生時干丙火，五行重重相生，加上丙火得令，主富貴福壽）：辛丑、癸巳、甲子、丙寅。（《八字心悟》第154頁）

3. 五行流通之上佳命造（金水木火土、五行順生、富貴福壽）：癸酉、甲子、丙寅、戊戌。（《八字心悟》第156頁）

4. 陳方安生（時支寅木官星逆生時干丙火印星、逆生日干支及月支，主官貴、主權）：己卯、丁丑、己未、丙寅。（《八字心悟》第107頁）

5. 貧命（土金水順生、土弱、金水得令，身弱難任食傷生財之象，五行無一可為用）：壬子、戊申、戊戌、辛酉。（《八字心悟》第158頁）

## 第十五訣：旺衰訣

1. 如果日主於得令、得地、和得勢三者之中能夠得其二或三者，便可稱為**身旺（或正格身旺）**了。若三者也不能得到，即是既失令、失地、又失勢者，或是三者僅能得其中之一者，是為**身弱（或正格身弱）**。

2. 正格身旺喜剋（官殺）、洩（食傷、財）。

3. 正格身弱喜幫（比劫）、扶（印）。

4. 身旺而個性剛強，執着堅持，精明幹練，實踐力強。

5. 身弱賦性溫和，事事客氣，做事不能堅持，難吃苦，欠缺決斷力，做事往往中途而廢。少責任感，意志力不強，易受人左右。

6. 如果除日主以外，天干地支盡是自黨，入**專旺格或從旺格**。如果除日主以外，還有一個異黨天干，其餘天干地支盡是自黨，入**假專旺格或假從旺格**。（第二十二訣）

7. 如果除日主以外，天干地支盡是異黨，入**從弱格**。如果除日主以外，天干僅還有一個自黨，其餘天干地支盡是異黨，入**假從弱格**。（第二十三訣）

## 命例：

1. 李嘉誠（甲木衰弱，申癸辰暗三合化水為用，水為印星。公司以「長江」有大水之象，加上大運金水六十年，風雲際會，成就一代鉅富）：戊辰、戊午、甲申、癸酉。（《八字心悟》第172頁）

2. 孔子（庚金身旺，幸得傷官洩秀，食傷主命，故死後名垂千古，為萬世師表）：己酉、癸酉、庚子、丙子。（《八字心悟》第194頁）

3. 梅豔芳（丙火身弱，食傷、財、官強旺為忌，以木為印星為用。82年新秀歌唱大賽憑『風的季節』脫穎而出，風為巽卦，有木之象。20歲入剛甲木運，大紅大紫）：癸卯、壬戌、丙戌、丁酉。（《八字心悟》第194頁）

4. 尚書命（丁火強旺，用神濕土、金、水。水運大貴）：癸丑、丁巳、丁巳、丙午。（《八字心悟》第156頁）

## 第十六訣：強者洩之訣（五行生克制化之一）

1. **強者洩之**：強金得水，方挫其鋒。強水得木，方洩其勢。強木得火，方化其頑。強火得土，方止其焰。強土得金，方制其害。

2. 強者洩之：有如為人母者，在黃金歲月時期，身強體壯，**為子女付出，乃是順理成章之事。**

## 命例：

1. 孔子（庚金身旺，強金得水，方挫其鋒，幸得傷官洩秀）：己酉、癸酉、庚子、丙子。（《八字心悟》第194頁）

2. 香港特別行政區（命局火旺，強火得土，方止其焰，幸得辰丑兩濕土洩火之旺勢，始成就其命局之貴氣）：丁丑、丙午、甲辰、甲子。（《八字心悟》第90頁）

3. 孔祥熙（命局金旺，得「申癸辰」暗三合水局洩之。用神：水、木。大運水木、大富大貴之命）：庚辰、乙酉、癸卯，庚申。（《八字心悟》第151頁）

4. 貴命（命局水旺，得木洩之。用神：木、火。忌：金、水。運行東南，大貴）：壬申、壬寅、丙子、乙未。（《八字心悟》第156頁）

5. 大富之命（強金得水，方挫其鋒。身旺食神生財）：壬申、戊申、庚辰、甲申。（《八字心悟》第159頁）

## 第十七訣：母旺子衰訣（五行生克制化之二）

1. **母旺子衰，反生為剋**：土賴火生，火多土焦。火賴木生，木多火熾。木賴水生，水多木漂。水賴金生，金多水濁。

2. 母旺子衰：在現今社會中，每一個家庭的子女數目很多不是一個，就只有兩個，因而每個子女皆很容易成為父母的心肝寶貝。父母在子女成長過程中，捨不得子女吃苦，形成過度保護子女，沒有機會讓子女去學習獨立自主的生活。子女自然而然地，就像溫室裏的花朵，禁不起挫折及打擊，愛反成了害。**若能增多子女，此剋即解。**

**命例：**

1. 常人之命（水賴金生，金多水濁。用神：水。運入木火。為人懶散，不知所謂）：辛酉、丙申、癸酉、辛酉。（《八字心悟》第162頁）

2. 凶命（金賴土生，土多金埋。用神：金、水。丁卯運肺病身亡）：己巳、辛未、戊戌、己未。（《八字心悟》第158頁）

3. 貧賤女命（木賴水生，水多木漂。乙木不受水生，丙火極弱。丙為雙目，癸巳運、庚申年得白內障，辛酉年失明）：丙辰、庚子、壬辰、乙巳。（《八字心悟》第232頁）

4. 尚書命（土賴火生，火多土焦。用神：濕土、金、水。水運大貴，官至尚書）：癸丑、丁巳、丁巳、丙午。（《八字心悟》第156頁）

5. 張國榮（水賴金生，金多水濁。水運名成利就，後轉同性戀）：丙申、丁酉、壬午、己酉。（《八字心悟》第207頁）

## 第十八訣：子旺母衰訣（五行生克制化之三）

1. **子旺母衰、洩多為剋**：金能生水，水多金沉。水能生木，木盛水縮。木能生火，火多木焚。火能生土，土多火晦。土能生金，金多土變。

2. 子旺母衰：從前社會重視兒孫滿堂，母親剛生育後，身體處於衰弱狀態時，仍然要照顧膝下一大羣子女，這位母親身體的虛弱程度，可想而知。遇此情形，必須要**抑其子，兼助其母**。若助抑同來，流通生化，剋即解也。

**命例：**

1. 小貴之命（金能生水，水多金沉。身弱難任食傷。用神：土、金）：壬子、癸丑、辛亥、丙申。(《八字心悟》第160頁)

2. 小貴之命（金能生水，水多金沉。身弱難任食傷。用神：土、金）：癸酉、甲子、庚辰、甲申。(《八字心悟》第160頁)

3. 貧命（土能生金，金多土變。用神：無）：壬子、戊申、戊戌、辛酉。(《八字心悟》第158頁)

4. 貧賤女命（水能生木，木盛水縮。癸水死絕，腎虛，長期腰腳患。已未運庚辰年，一耳突然失聰）：癸巳、甲寅、甲辰、丁卯。(《八字心悟》第231頁)

## 第十九訣：相剋相成訣（五行生克制化之四）

1. **相剋相成**：金旺得火，方成器皿。火旺得水，方成相濟。水旺得土方成池沼。土旺得木，方能疏通。木旺得金，方成棟樑。

2. 相剋相成：這是各相剋組合中，最完美的組合。「相剋相成」是相互影響、相互成就的意思。此種現象大至兩國處於敵對狀態下，不論在武器性能方面的研發或在數量方面的擴充，**相互競賽、相互激勵，而達致相互成就對方。**

**命例：**

1. 元世祖忽必烈之命造（木旺得金，方成棟樑。47歲辛酉年辛巳運，七殺勢旺，連敗大宋諸將，攻陷襄陽、樊城。庚辰運節節勝利，65歲己卯年己卯運大破宋軍，統一天下，立國號為元）：乙亥、乙酉、乙酉、乙酉。

2. 近代南洋鉅商陳嘉庚先生命造（土旺得木，方能疏通。戌土月令，水進氣，加上甲木天全一氣，木可任地支四戌土財星。大運水、木大富，財富幾可敵國，後於1934年，大運庚辰、流年甲戌，天剋地沖，破產。陳嘉庚出生於1874年10月21日廈門集美村，17歲帶著五千銀元前往星加坡經商，而後成為馬來西亞最早大規模種植橡膠者之一；其鼎盛時期，企業曾遍及全球五大洲。1929年後，大運庚辰，天剋地沖，故事業因世界經濟危機而導至大受打擊，及後於1934年，流年甲戌，其星加坡橡膠公司破產。其後陳嘉庚先生依然傾資興辦學校，創立集美學村，廈門大學亦是由其所捐助的）：甲戌、甲戌、甲戌、甲戌。

3. 貴命（火旺得水，方成相濟。用神：木、火、燥土）：壬子、壬子、丙戌、戊戌。（《八字心悟》第156頁）

4.　大富大貴之命（火旺得水，方成相濟。身食財俱旺。運入東南、大富大貴）：甲子、丙子、壬戌、壬寅。（《八字心悟》第161頁）

5.　貴命（火旺得水，方成相濟。丙火財星得令。用神：金、水。貴為駙馬）：丙寅、壬辰、癸丑、丙辰。（《八字心悟》第162頁）

6.　丈夫大富之女命（土旺得木，方能疏通。本人為名校校長、丈夫為成功商人）：辛卯、乙未、己未、戊辰。（《八字心悟》第192頁）

## 第二十訣：五行反剋訣（五行生克制化之五）

1.　**五行反剋**：金能剋木，木堅金缺。木能剋土，土重木折。土能剋水，水多土流。水能剋火，火炎水熱。火能剋金，金多火熄。

2.　五行反剋：弱者主動去剋強者，因剋不動反而造成自己受傷，此種現象我們稱之為反剋。這種現象警誡我們：當我們若要去制衡他人時，需要探悉他人的實力，知己知彼，**並聯羣結黨以增強自己本身的實力，方可達到制衡他人的目的。**

**命例：**

1.  命學大師任鐵樵之命造（水能剋火，火炎水熱。用神、水。生於清朝乾隆年卅八年四月十八日辰時。大運早行丁巳、丙辰、乙卯、甲辰木火之鄉，科甲無名。及後水運始研讀易理命學，成為命學大師，著作《滴天髓闡釋》，是近代命理學中最傑出的著作）：癸巳、戊午、丙午、壬辰。

2.  漢初三傑之韓信之命造（火能剋金，金多火熄。用神：木、火。於甲午運得蕭何引薦而登壇拜將、封王，權高勢大。癸巳運癸水剋丁火，巳酉合加強金力剋木，故被呂后斬首，三族被夷，英年早逝）：辛酉、丁酉、乙卯、乙酉。

3.  窮農命（土能剋水，水多土流。）：癸丑、癸亥、癸亥、癸亥。（《八字心悟》第152頁）

4.  小貴之命（水能剋火，火炎水熱。用神：濕土、水。忌神：火。水運小貴）：癸亥、丁巳、乙巳、丙戌。（《八字心悟》第155頁）

## 第二十一訣：弱者遇強者之剋訣
## （五行生剋制化之六）

1.  **弱者遇強者之剋**：金衰遇火，必見銷鎔。火弱逢水，必為熄滅。水弱逢土，必為淤塞。土衰遇木，必遭傾陷。木弱逢金，必為砍折。

2.  弱者遇強者之剋：是毀滅性之剋，是所有相剋中最不好的現象。在清朝末年，滿清政府國力衰弱，而世界其它國家正處於國力強盛的時期，不斷對外侵佔，擴展版圖。國力正處於衰弱的中國，自然而然地遭受列強侵害而成為受害者，此種相剋的現象，正是弱者遇強者之剋。**惟有透過第三者的介入，把原本的強弱相剋轉化成輾轉相生。** 如火弱逢水，可透過木的介入，把原本的強水弱火相剋，轉化成水、木、火輾轉相生。傳統命學稱此法為「通關」。

## 命例：

1.  清光緒戊戌變法成員譚嗣同之命造（土衰遇木，必遭傾陷。用神、火。火運顯達，大運丁丑、丙子，殺印相生，故有武貴之徵。34歲入乙亥運，土衰遇木，流年戊戌因戊戌變法失敗，並於己亥年被朝廷誅殺，遭殺生之禍）：乙丑、己卯、己卯、己巳。

2. 宋朝宰相王安石之命造（火弱逢水，必為熄滅。用神、木。早年科甲出身，因治國有道，屢獲神宗賞拔，申運因維新變法遭舊黨杯葛，被貶為江寧知府。後於大運乙未，流年戊午因木火皆至，故因變法圖強有功於國，受封為舒國公，及後甲午運又加封為荊國公，位極人臣）：辛酉、庚子、癸未、丙辰。

3. 摘自《滴天髓》之貴命（火弱逢水，必為熄滅。以木為通關用神。一路木火大運，仕途亨通，官至藩臬，此乃清朝名臣樊樊山之命造）：丙午、庚子、壬午、庚子。

4. 凶命（土衰遇木，必遭傾陷。用神、火。火運顯達、申運被害、凶命）：戊辰、乙卯、戊辰、乙卯。（《八字心悟》第157頁）

5. 盜賊命（木弱逢金，必為砍折。身弱殺旺無印劫有傷官，男盜女娼）：辛巳、戊戌、乙丑、辛巳。（《八字心悟》第152頁）

## 第二十二訣：專旺／從旺訣（五行極端之一）

1. **專旺／從旺**：旺之極者不可抑，不可洩。制之以盛，必大凶。便縱試順其流行，亦不為宜。

2. 若五行太過旺盛時，抑制它反而激發它，產生更大的害處，且更對其餘處於弱勢的五行產生強烈損害；甚至洩之，也為不利。其中的原理可以用上述「五行反剋」和「母旺子衰，反生為剋」的道理推說。

3. 如以「五行反剋」的道理推說：剋方衰弱，不僅不能剋制對方，相反剋方會受到損害。如一片旺火，在火上澆水，杯水車薪則無異是火上加油，不僅不能制火之勢，反激火之烈，水蒸發乾了，火勢卻越來越旺盛。

4. 如以「母旺子衰，反生為剋」之道理推說：金本可洩土，但土多金埋，便反生為剋。相同地，弱土難洩旺火（火多土焦），弱火難洩旺木（木多火熾），弱木難洩旺水（水多木漂），弱水亦難洩旺金（金多水濁）。

## 命例：

1. 陳方安生（時支寅木官星逆生時干丙火印星、逆生日干支及月支土，成土從旺格。主官貴、主權，故必為權貴中人，官至香港特區律政司。惜至金運洩氣，官運終止）：己卯、丁丑、己未、丙寅。（《八字心悟》第107頁）

2. 火專旺、化格（大貴。用神：木、火，升官進爵。水運被貶）：丙戌、癸巳、戊午、丁巳。（《八字心悟》157頁）

3. 金從旺格（坤造、大貴。運行西北、一品誥命夫人之命）：丁酉、戊申、辛丑、己丑。（《八字心悟》160頁）

4. 土從旺格（坤造、雖為二行成象的從旺格，但因一直行逆運破格、形成過燥熱、並且神枯，氣濁非常。雙目失明）：戊戌、丁巳、戊戌、戊午。（《八字心悟》153頁）

## 第二十三訣：從弱訣（五行極端之二）

1. **從弱**：衰之極者不可益，弱極則從其它旺勢，相得益彰。

2. 這就是説五行太過衰弱時，若勉強助它，反生為剋，必然產生相反效果，加重旺衰的對立，使衰者受到更大的損害。這是因為當五行太過衰弱時，便能有在太極中以柔制剛的強旺生機。其興衰每每決定於所依從的其它五行的旺衰。若勉強助其衰，必然相反加重了旺衰的對立，使衰者反而受到極大的損害。這好比中國古代女性，在社會上屬弱勢社羣，女性的旺衰，每每決定於丈夫運氣的好壞，丈夫的運氣旺衰好壞，必然就決定了妻子的旺衰。

**命例：**

1. 鄧小平（日主極盡衰弱無依，正偏財及七殺強旺，形成從食財官格。頂極富貴命。用神：金、水、木。故能於1980年及1981年金的流年再度冒起，完全控制大局。忌神：火、土。故於1966、1967年火旺流年文革遭難。1989年己巳火土年對鄧小平極是不利。及後1992年金水年再度活躍，有南巡講話之行動，確立經濟新模式）：甲辰、壬申、戊子、甲寅。（《八字心悟》第114頁）

2. 從財格（宋子文，命局屬「夫從妻化」，故庚乙合而化木，其人有敬畏妻子、夫憑妻貴之象）：甲午、乙亥、庚辰、己卯。（《八字心悟》152頁）

3. 從印格（女命。日主極盡衰弱無依，正偏印一氣專旺，沒有能破格的比劫。貴命）：壬申、壬子、甲子、癸酉。（《八字心悟》113頁）

4. 從兒格（女命。早運金水破格。入火運、因子而貴）：甲寅、丁卯、癸卯、乙卯。（《八字心悟》161頁）

第四章：

成形成象

# 第四章：成形成象

## 第二十四訣：一行成象訣（成象訣之一）

1.  所謂「一行成象」，是指八字的五行屬性，只有一種。以「曲直格」為例，若四柱之天干只有甲、乙，地支只有寅、卯，又或者命局的干支能會合，化成木局，便可稱為「一行成象」。

2.  「一行成象」即專旺格，專旺格以助旺日主的印星和比劫為用神：

    **曲直格**：本象：木。用神：水、木。忌神：金、土、火。

    **從革格**：本象：金。用神：土、金。忌神：火、木、水。

    **潤下格**：本象：水。用神：金、水。忌神：土、火、木。

    **炎上格**：本象：火。用神：木、火。忌神：水、金、土。

    **稼穡格**：本象：土。用神：火、土。忌神：木、水、金。

**命例：**

1. 曲直格（明朝開國國師劉伯溫，亦即命理天書《滴天髓》之作者，命局壬午暗合化木。木、火大運，位極人臣，水大運破格，明太祖朱元璋開始疑忌之，己丑大運，乙卯流年、辛巳月病逝，享年65歲）：辛亥、乙未、乙卯、壬午。

2. 炎上格（大貴。用神：木、火，升官進爵。水運被貶）：丙戌、癸巳、戊午、丁巳。（《八字心悟》157頁）

3. 曲直格（李鴻章）：癸未、甲寅、乙亥、己卯。（《八字心悟》151頁）

4. 從革格（李鴻章之孫李國杰命造。金、水大運，富貴亨通，極受慈禧太后疼愛，並襲其祖父之一等肅毅候爵之爵位，及後民國期間，官至上海招商總經理，於1939年，大運乙未，流年己卯，被指為漢奸，在上海遇刺身亡）：辛巳、辛丑、庚申、辛巳。

5. 稼穡格（某道門得道真人，金、水大運，戊癸合而不化，命局形同身旺，不利功名利祿，木火運；戊癸合而化火，成稼穡格，證悟大道）：戊戌、己未、戊辰、癸丑。

6. 潤下格（窮農命，因為命局過於濕寒，故滯而無成）：癸丑、癸亥、癸亥、癸亥。

7. 從革格（大貴之命）：庚辰、乙酉、乙酉、庚辰。（《八字心悟》155頁）

## 第二十五訣：兩行相生成象訣（成象訣之二）

1. 兩行成象要兩行輕重相若並且流通。
2. 兩行相生成象：

   **水生木**：用神：水、木。忌神：土。

   **木生火**：用神：木、火。忌神：金。

   **火生土**：用神：火、土。忌神：水。

   **土生金**：用神：土、金。忌神：木。

   **金生水**：用神：金、水。忌神：火。

## 命例：

1. 張學良（1901年6月3日子時生，金水二行成象。1936年12月12日發動西安事變，改寫了中國歷史，是年流為丙子年，張學良大運進入辛卯木運為忌，以後張學良一直被軟禁）：辛丑、癸巳、壬子、庚子。

2. 人中鳳凰宋慶齡（1893年1月27日亥時，亥子丑三會水局，甲、乙木得令且通根辰土及亥水，水木俱極旺，是上佳的二行成象之命造）：壬辰、癸丑、甲子、乙亥。

3. 坤造（雖為二行成象的從旺格，但因一直行逆運破格、形成過燥熱、並且神枯，氣濁非常。雙目失明）：戊戌、丁巳、戊戌、戊午。（《八字心悟》153頁）

4. 天子之命（金水相等，是標準的二行成象，故可貴為天子之命）：癸亥、辛酉、癸亥、辛酉。

5. 摘自《滴天髓》之富命（火旺得土洩氣，火土二行成象。加上辰為濕土，可以束收火氣，防止命局過燥偏枯，故為佳造）：戊辰、己未、丁巳、丙午。

## 第二十六訣：三行相生成象訣（成象訣之三）

1. 三行成象要三行輕重相若並且流通。

2. 三行成象須要三行相連而流通無阻才成象，水木火、木火土、火土金、土金水、金水木等都可成為三行成象。如何推斷三行成象的五行宜忌？基本上是以流通為主。身旺宜順流成象，身弱宜逆流成象。

3. 三行成象（印身食、官印身、身食財）中，以「印身食」成象為最好，五行無所不宜，但若相連的三行，不是同在天干或同在地支出現，有個別的在天干或地支，將會破壞命局本身的結構，則另作別論。

4. 「官印身」成象為從旺格，因其命局五行之力全流通至身而止，故成為特殊格局。從旺者本身旺神主吉，所以官印身逆流同時為用。從旺忌洩，所以首忌為食傷財，化洩日主的旺勢。

5. 「身食財」成象者，食財順流，如比劫能得令，身旺則財旺盈庫，錢財遂意之象。身食多則用財，財多則用食傷，均為助成象，輕重調節而已。

6. 水木土、木火金、火土水、土金木、金水
   火等，三行雖相連但不流通，絕不可稱為
   三行成象。

7. 三行成象以上，還有四行輾轉相生形成四
   行象者，亦屬佳造。

## 命例：

1. 蔣宋美齡（木火土三行、「印身食」成象，
   五行雖無所不宜，惟忌申金，犯衰神沖旺
   之象。1949年流年己丑，大運庚戌，是年
   命犯三刑，國民黨全面撤守台灣，其夫蔣
   介石亦於是年被迫辭職，下野前後約十一
   個月；又於1969年9月，流年己酉，大運
   戊申，犯衰神沖旺，其夫蔣介石在陽明山
   遭遇車禍，身體狀況自此大為衰退）：戊
   戌、甲寅、丙寅、戊寅。

2. 胡耀邦（水木火三行成象，用神：水、木、
   火。忌神：土、金。故1968、1969年，即
   戊申及己酉年經歷了極苦難日子。1989年
   辛巳運己巳年土金的日子病逝）：乙卯、丁
   亥、乙卯、丙子。

3. 某行政院長（命局庚金得令極旺、申癸辰
   暗三合水局亦旺、乙木得癸水生旺並通根
   辰土及卯木，故庚乙合而不化，命局形成
   三行成象。有大運水木，官運亨通，官至
   行政院長）：庚辰、乙酉、癸卯、庚申。

4. 陳方安生（寅卯未地支木，丑月木為得令，故木極旺；天干丙丁火通根寅木、未土，故火亦；命局四土，土亦極旺；加上木火土重重相生，故三行成象。木、火大運主官貴、主權，故能官至香港特區律政司。金運洩氣，官運終止）：己卯、丁丑、己未、丙寅。（《八字心悟》第107頁）

5. 貴命（三行成象，用神、火）：甲寅、丁卯、戊辰、己未。（《八字心悟》第157頁）

6. 郭晶晶（木火土金四行輾轉相生成象，用神五行無忌。於壬運開始學習跳水，戌運水勢減弱，故參賽成績屢屈局同隊師姐伏明霞之下，及後於癸亥大運中，成績輝煌，成為一代跳水皇后）：辛酉、戊戌、丙寅、甲午。

## 第二十七訣：形象氣勢訣

1. 傳統命局只有正官格、七殺格、正印格、偏印格、正財格、偏財格、食神格、傷官格、建祿格及羊刃格等十個格局，並且就每一個格局去生搬硬套一些固定的用神。由於這十個格局的分類，只道出命局的局部形象，並非十神在全局分佈的形象，故其捉用神方法，準確度既低且極難掌握，自古至今實在是誤人太深了。有見及此，我在《八字心悟》提出「十神全局論命」，又

稱「形象氣勢訣」，是以眾十神對日主引發的互動作用，和十神之間的互動作用，掌握命局之整體氣勢形象，發展出一套既完整又精確的命局歸納描述。

2. 命局一般以成象為佳，如配合大運得宜者猶更甚。然而，完美無缺的成象命局只是佔極少數，一般命局只能以「類象」，即是以類似於形象者來論命。命局中之類象，因為有着大概之形象，故其氣勢，即是氣流趨勢，仍然是明顯可見的，配合十神特質，要判斷其吉凶及取用神之喜忌，應是易如反掌的。

3. 其實，只要能掌握氣勢形象之竅門，則所有命局，不管其貴或賤、不管其怎樣雜亂無章，都能很容易即看破其中必定有一明顯的氣勢可見。也即是說，沒有氣勢的命局根本是不存在的。

命例：

1. **身印均旺、食傷貼身有根：**
   （宋朝大文豪蘇軾）：丙子、辛丑、癸亥、乙卯。

   《八字心悟》云：「身印均旺、傷食貼身有根，印身食成象為三行成象，五行諸運，無運不宜。故必能大有成就、女命亦能為女中豪傑。

   「性情方面，因印星旺生比劫，有涵養、好學、心地善良、重權、重責。因身旺而個性剛強、執着堅持、實踐力強。因食傷旺故才華發露、多才多藝、擅口才、有計謀。有印故能英華外發而知收斂、聰明而知禮。食傷亦主有口福、身心愉快、長壽。」

2. **印多身旺、食傷洩秀乏力：**
   宋朝宰相王安石之命造（火弱逢水，必為熄滅。用神、木。早年科甲出身，因治國有道，屢獲神宗賞拔，申運因維新變法遭舊黨杯葛，被貶為江寧知府。後於大運乙未，流年戊午因木火皆至，故因變法圖強有功於國，受封為舒國公，及後甲午運又加封為荊國公，位極人臣）：辛酉、庚子、癸未、丙辰。

《八字心悟》云：「印多身旺，食傷洩秀乏力。先天條件好但食傷等未能順利洩秀，常有懷才不遇之感，是孤貧之命。遇大運生旺印身剋洩財（配偶星）時，更是生離死別。若逢強旺的食傷流年大運流通順生，則能大展雄圖，英雄遇時勢。

「性情方面，因印星旺生比劫，有涵養、好學、心地善良。重權、重責、勞心勞力。因身旺而個性剛強、執着堅持，不聽人言，做事任性而為，欠深思，好管閒事。實踐力強，但有勇無謀。」

3. 比劫爭財：

男命：丁酉、辛亥、乙未、己卯（1957年11月19日卯時）：地支三合成局，身極旺；印星為忌，忘恩負義；木旺成林而缺火洩秀，木為忌神，主不仁；木旺又主易受騙；比劫爭財太過，剋妻，時而對妻動粗，而妻本身健康亦不甚佳；比劫爭財太過，亦是典型賭徒心態，投機心極重，以至債台高築。（《八字心悟》第214頁）

《八字心悟》云：「財星弱，日主強旺剋財太甚，又無食傷流通生財。逢比劫必破財，逢食傷生財主富、男命易幾度姻緣。喜食傷，忌比劫及印星。歲運若不能剋制比劫，勞碌一生。

「性情方面，因身旺而個性剛強，執着堅持，不聽人言，做事任性而為，欠深思，好管閒事。實踐力強，但有勇無謀。爭財故喜投機，求財野心大，好賭，但逢賭必輸。」

4. **財多身弱：**

男命（財多身弱，用神：木、火，亥運溺死）：戊辰、庚申、丁巳、庚戌。（《八字心悟》第157頁）

《八字心悟》云：「財星重，日主弱難以任財。逢比劫必發財、逢財必破財、男命畏妻如虎。

「性情方面，因身弱而賦性溫和，事事客氣，做事不能堅持，難吃苦，欠缺決斷力，做事往往中途而廢。少責任感，意志力不強，易受人左右。因財多而為人慷慨喜交際，注意生活享受，多慾，喜新厭舊。想象力豐富，實踐力不足。」

5.  **母慈滅子：**

    常人之命（水賴金生，金多水濁。用神：
    水。運入木火。為人懶散，不知所謂）：
    辛酉、丙申、癸酉、辛酉。（《八字心悟》第
    162頁）

    《八字心悟》云：「日主弱本喜印，但印星
    滿盤，日主承受不起，過猶不及，形成母
    慈滅子。歲運逢比劫主吉。否則一生有志
    難伸，常有懷才不遇之感，為商則難成氣
    候。

    「性情方面，因印星過旺，溺愛太多，反使
    日主抑壓無助。心性鬱悶不開朗，易悲觀，
    自尋煩惱，常失眠。甚者個性較遲鈍，心
    智不清，愚鈍、精神衰弱。因身弱而賦性
    溫和，事事客氣，做事不能堅持，欠缺決
    斷力，難吃苦，做事往往中途而廢。」

6.  **日主旺財官雙美：**

    駙馬之命造：丙寅、壬辰、癸丑、丙辰

    《八字心悟》云：「財官雙美，加上日主強
    旺能任財官，一生錢財稱意，官運尤為亨
    通，可謂一生福祿富貴優游（若身弱財官
    旺，反主終生寒微）。歲運五行宜忌，基

本上也是以能做到流通為主。故逢食傷或印星通關皆能流通順生，必發財發貴。

「性情方面，因身旺而個性剛強、執着堅持、精明幹練、實踐力強。官旺善於自制、誠實守法、明哲保身、保守而少錯。溫和謙恭、文靜內向。財旺為人有理財能力、夫妻圓滿。」

7. 日主弱難任財生官殺：

風塵女子（身弱殺旺財混雜，賣身求榮）：甲辰、戊辰、戊子、甲寅。（《八字心悟》第213頁）

《八字心悟》云：「身弱官殺旺無印，日主弱忌官殺，官殺剋身肆虐，健康欠佳、多禍災、非貧則夭。

「個性方面，因身弱故做事不能堅持、難吃苦、做事往往中途而廢。官星太旺，精神萎靡不振、行事消極、懦弱怕事、服從心強、守法。殺太旺者，好爭執、犯法奪利、外勇內怯、多疑、憂鬱、酒色財氣、多遇小人及惡勢力等。官殺混雜的人，性情不定、沒主見、易受人左右。」

8. **身弱食傷無制：**

坤造（傷官成局無印制，神枯氣濁，娼命）：甲寅、癸酉、戊辰、辛酉。（《八字心悟》第153頁）

《八字心悟》云：「日主弱，食傷強旺無制，無印星制剋或印星太弱無力剋制。生性好動、不甘穩定、平生勞累奔波。因食傷剋官殺，故易藐視法紀、頻惹小人口舌是非。女命則剋夫無子。

「個性方面，因食傷無制，多才多藝、擅口才、喜怒形於色、有話藏不住、快言快語乏收斂，故人際關係欠圓滿，容易得罪別人。不守規矩、具叛逆性、心高傲物、鋒芒太露。因身弱故做事不能堅持、難吃苦、做事往往中途而廢。」

9. **印旺身旺食傷生財：**

大富大貴之命（此造巳辛丑暗三合金為食傷、申癸辰暗三合水為財星、丙火得令生旺日元戊土；流通看則以火為源頭，月時兩火之源，皆得流通，流止至金水歸局。所以富有百萬，貴至二品，一生履險如夷）：辛丑、癸巳、戊申、丙辰。（《八字心悟》第83頁）

《八字心悟》云：「印旺身旺食傷生財，四行相連而流通無阻形成四行成象。決斷能幹、大有成就、為官顯貴，既富且貴之象。如何推斷四行成象之五行宜忌？基本上也是以能做到流通為主。

「性情方面，因印星旺生比劫，有涵養、好學、心地善良、重權重責。因身旺而個性剛強、執着堅持，實踐力強。因食傷旺故身心愉快、才華發露、多才多藝、擅口才、有計謀。財旺為人有理財能力、一生錢財稱意，夫妻圓滿。」

第五章⋯
合沖成敗

## 第五章：合沖成敗

### 第二十八訣：因合而成訣

1. 合即是聚合的意思，是指力量的連結一起，形象上一般代表合作，有事業上的合作、有男女之間的結合，也代表着融洽及和解。

2. 會合後可化可不化，不能一概而論。相合能化可作化論，相合後不能化可作羈絆論。

3. 會合後所得山的喜忌，是決定於命局中的需要，不能一概而論。該合而合者，才可以吉論；不當合而合者，不可以吉論。

4. 忌神於命局出現，若被合住而不化，是因合而成，主吉。

5. 忌神於命局出現，若被合化為喜用神，是因合而成，主吉。

6. 忌神於命局出現，若被合而不沖命局之喜用神，即是合而解沖，亦是因合而成的一種，主吉。

7. 用神於命局出現，若被合而令不受沖，也可算是合而解沖，亦是因合而成的一種，主吉。

**命例：**

1. 《滴天髓闡釋》命例（忌神於命局出現，被合化為喜用神，是因合而成，主吉。八字地支寅卯辰三會木局，命局喜見壬丁合成化木，化去壬水後，八字清純，忌神合化為用神，命局成為了從兒格。《滴天髓闡釋》云：所以早年科甲，置身翰苑，仕至封疆）：丁卯、壬寅、癸卯、丙辰。

2. 《滴天髓闡釋》命例（忌神於命局出現，若被合而不沖命局之喜用神，即是合而解沖，亦是因合而成的一種，主吉。八字金多水濁，取水生木，順事洩秀為用，地支寅木本來逢沖，幸得申子合成水局而解沖，命局水木不傷，故能運行水方而顯貴。《滴天髓闡釋》云：至亥運，洩金兼又生合寅木，科甲連登，名高翰苑；甲子運水木齊來，仕途暢順。乙丑運乙木合庚被羈絆，罷職回家）：戊子、庚申、壬寅、辛丑。

3. 《滴天髓闡釋》命例（用神於命局出現，若被合而令不受沖，也可算是合而解沖，亦是因合而成的一種，主吉。八字天干三個壬水，地支申辰，水勢洶湧，幸得寅午合而解寅申之沖，喜用不傷，運至丙午、丁未，寅午化成火局，又有甲木通關，食傷生財為用。《滴天髓闡釋》云：運至丙午、丁未，棘闈奏捷，出宰名區。至申運，兩

申沖寅木不祿）：壬申、壬寅、壬午、甲辰。

4. 大貴之命（忌神於命局出現，被合化為喜用神，是因合而成，主吉。命局火旺，癸水及戊土本為雜氣、為忌神，幸得遇戊癸合而化火，命局由渾濁轉清純，炎上格成，主大貴。用神：木、火，升官進爵。水運被貶）：丙戌、癸巳、戊午、丁巳。（《八字心悟》157頁）

5. 孔祥熙（忌神於命局出現，若被合而不沖命局之喜用神，即是合而解沖，亦是因合而成的一種，主吉。命局金旺，得「申癸辰」暗三合水局洩之。用神：水、木。辰酉合而解卯酉之沖，卯木不受沖，加上大運水木，成就大富大貴之命）：庚辰、乙酉、癸卯，庚申。（《八字心悟》第151頁）

6. 《滴天髓闡釋》命例（忌神於命局出現，被合化為喜用神，是因合而成，主吉。丁火日主生於巳火月，天干一片木火，身強宜洩。喜丁火丑土洩透，更喜巳酉丑三合成金局，巳火化為金，忌神變為喜用神，故為富貴極局。《滴天髓闡釋》云：仕至藩臬，名利雙全。）：丁酉、乙巳、丁丑、丙午。

## 第二十九訣：因合而敗訣

1. 喜用神在命局出現，若被合住而不化，是因合而敗，該喜不喜。

2. 喜用神入命，合化為忌，好事變壞事。

3. 女命忌多合，易惹狂蜂浪蝶。

## 命例：

1. 《滴天髓闡釋》命例（喜用神在命局出現，若被合住而不化，是因合而敗。戊土生於辰月，丙火得令旺盛，地支四土，本可以庚金洩秀為用，可惜庚乙合而不化，用神受羈絆，是故因合而敗。《滴天髓闡釋》云：早棄詩書，不事生產，以酒為事）：乙未、庚辰、戊辰、丙辰。

2. 《滴天髓闡釋》命例（喜用神在命局出現，若被合住而不化，是因合而敗。辛金生於酉月，丙火得令旺盛，時支亥水，癸水透出日柱天干，秀氣流行，本為佳造，可惜亥未合而不化，癸水用神受羈絆，是故因合而敗。《滴天髓闡釋》云：雖然資質佳中舉人，但所學無法施展，終其一生貧苦）：己酉、癸酉、辛未、己亥。

3. 貧賤女命：（喜用神在命局出現，若被合住而不化，是因合而敗，該喜不喜。己土生於卯月失令，加上金、水洩氣嚴重，命中缺火，故身弱，夫妻宮之未土用神本可

幫身，惜被卯木合住而不能為用。及至乙未大運，命局卯未合化木，未土喜用神合化木，剋日元己土。於丙子流年，丙火用神又被辛金合住而不化，是年離婚，又結了婚。於翌年丁丑流年，丁火用神又被壬水合住而不化，丑土又沖夫妻宮，又雖了婚）：辛丑、辛卯、己未、壬申。

4. 貧命兼且凶命（喜用神入命，合化為忌，好事變壞事。丁火生申月，命局財多身弱，以木、火為用神。幸得坐巳火幫身，惜巳申合為水局，巳火化為水。亥運溺死）：戊辰、庚申、丁巳、庚戌。（《八字心悟》第157頁）

## 第三十訣：逢沖反成訣

1. 沖是指力量被沖散的意思，形象上一般代表互相爭戰，有事業上的爭戰、有男女之間的不和，也代表着變動及勞苦。

2. 喜用神與忌神相沖，要兼看強弱，方能決定吉凶。

3. 會合有時可以解沖，但有時反而助沖，須看全局氣勢流通，不可以一概而論。

4. 命局中若能沖去忌神，是逢沖反成，主吉。

5. 命局中若能以兩種忌神相沖，互相消磨，是逢沖反成，主吉。

**命例：**

1. 蔣介石次子蔣緯國命造（命局中若能沖去忌神，是逢沖反成，主吉。1916年10月6日出生。命局天干三火得甲木生，加上時支午火，火極旺為忌，幸得子水沖剋忌神午火，是逢沖反成。故知夫妻宮子水為用。蔣緯國的第一任妻子為石靜宜，西北綿紗大王石鳳翔的女兒，1953年（癸巳年）因難產去世，是時蔣緯國正好進入丑土大運合着子水，解開了對午火忌神之沖剋故。1990年（庚午年），是年蔣緯國正好進入乙巳大運，庚金用神被乙合而不化，喜而不喜之象，加上地支午火沖子水用神，主不吉。是年國民大會選舉中華民國總統時，曾經有國大代表滕傑等人提議林洋港選總統、蔣緯國選副總統方式參選，但最後林洋港與蔣緯國都未參選總統與副總統，而由李登輝與李元簇當選中華民國總統副總統。蔣緯國死於1997年（丁丑年），又是丑土合着子水，解開了對午火忌神之沖剋故）：丙辰、丁酉、丙子、甲午。

2. 《滴天髓闡釋》命例之清朝乾隆皇帝命造（命局中若能沖去忌神，是逢沖反成，主吉。庚金生於酉月，日干午火，丙丁火透干貼身攻剋庚金，火旺則日主難勉受傷，幸得時支子水沖剋忌神午火；年支卯亦本可生

旺丙丁忌神，亦幸得月令酉金沖剋忌神卯木，結果形成了上好之逢沖反成佳造）：辛卯、丁酉、庚午、丙子。

3. 擇自《子平真詮評註》命例（命局中若能沖去忌神，是逢沖反成，主吉。浙江督軍揚善德之造。因月金酉金沖剋忌神卯木，而成其貴，又酉金得己土相生，酉金偏印真神得用，財殺也強，故能貴為督軍）：丁巳、己酉、癸卯、丁巳。

4. 貴命、凶命（命局中若能以兩種忌神相沖，互相消磨，是逢沖反成，主吉。戊土日元生於寅月，命局金木兩旺，戊土身弱，幸得年月寅申沖、又得日時寅申沖，金木互相消磨，命局始有貴氣，惜地支全被沖動，故亦極險。用神、火。火運顯達、申運被害、凶命）：庚申、戊寅、戊寅、庚申。
（《八字心悟》第157頁）

## 第三十一訣：沖之為忌訣

1. 命局中若是沖去喜用神，是沖之為忌，主凶。

2. 命局中若見兩種喜用神相沖，互相消磨，更為不利，是沖之為忌，主凶。

**命例：**

1. 《滴天髓闡釋》刑妻剋子之命造（命局中若是沖去喜用神，是沖之為忌，主凶。庚金日主得令，加上地支四土，日主身旺，以乙木與丁火財官為喜用，乙木坐下未土為庫根，沖則根傷；丁火以未土為餘氣弱根，沖則枯死。《滴天髓闡釋》云：初運甲午，木火俱旺，蔭庇有餘；一交癸巳，剋丁拱丑，傷剋並旺，刑喪破耗；壬辰運，妻子兩傷，家業蕩然無存，削髮為僧）：辛丑、乙未、庚辰、丁丑。

2. 《滴天髓闡釋》一品紫誥夫人之命造（命局中若是沖去喜用神，是沖之為忌，主凶。命局土極旺生於未月，金為得令，得金洩秀，土金水三行成象，又無木擾局，富貴之造也。惜辰戌沖，辰內支藏乙木根苗微損，為其禍端。《滴天髓闡釋》云：幼行用神壬申、癸酉金水大運，所以身出官家，通詩書達禮教；酉運合夫妻宮，化辰戌之沖，夫星祿旺，生一子，夫主登科。甲戌運，兩戌沖辰，沖出丁火，乙木死絕，閨中雪舞，而家道日落，苦志教了成名。至子運，子辰合化水局解戌之沖，兒子登科，仕至郡守。母憑子貴，受紫誥一品之封，壽至寅運金絕之地）：己酉、辛未、戊辰、壬戌。

3. 《滴天髓闡釋》非為良家婦女之命造（命局中若是沖去喜用神，是沖之為忌，主凶。乙木生於巳月，丙火得令兼坐火庫戌土及通根未土，乙木洩身太過，又逢辛金七殺貼身之剋，唯靠夫妻宮之亥水衞養，惜亥水用神受月令巳火所沖，用水而水受傷，日主剋洩交加，故非福厚之人。《滴天髓闡釋》云：八字沖合多見，為人太過多情；傷官雖主貌美才高，所嫌太過偏亂，加上辛金剋身無力，不利女命，損乎生平之性也）：乙未、辛巳、乙亥、丙戌。

4. 凶命（命局中若是沖去喜用神，是沖之為忌，主凶。水強火弱，壬子水為忌神重重沖剋丙午火。水火交戰、欠木通關、火運凶死）：壬子、壬子、壬子、丙午。（《八字心悟》第161頁）

## 第三十二訣：三刑訣

1. 三刑有兩種，即是寅巳申與丑未戌三刑。其餘所謂子卯相刑；辰辰、午午、酉酉、亥亥自刑的説法不應驗。

2. 一個命局的吉凶，完全取決於五行的生剋制化與流通之理。三刑雖多主不利，但它也與地支相沖一樣，有凶有吉。

3. 凡五行為忌神並帶三刑來剋日主或用神，必有災咎。

4.  論命時要弄清楚地支相刑的性質，必須仔細推斷藏干的五行生剋制化對日主的影響。其中有根據藏干相剋相沖論刑、根據藏干相合論刑、根據藏干相生論刑、根據藏干相比論刑、根據藏干主氣相比而餘氣相剋論刑等。(《八字心悟》第99頁)

5.  三刑如刑入年支，則長輩易有災；刑入月支或日支，則兄妹、本人或配偶有災；刑入時支，則妨子女有災。

6.  大運、流年遇三刑如刑入本限（16歲前刑入年支、16歲至32歲刑入月支、32歲至48歲刑入日支、48歲後刑入時支者），本人易有災害之兆。

**命例：**

1.  戴安娜王妃（大運、流年遇三刑刑入本限，本人易有災害之兆。戴安娜王妃於1997年8日31日因離奇車禍死於法國巴黎，1997年為丁丑年，時值戴安娜王妃大運戊戌）：辛丑、甲午、乙未、丙子。(《八字心悟》第194頁）

2.  女命（1958年2月2日卯時。身旺傷官亦旺，傷官阻隔了官星，夫常有外遇，夫妻常生磨擦。1997年丁丑年妻帶子女移民，夫妻自此分開，2003年癸未年夫妻宮三刑，同時亦是刑入了本限，加上癸水傷官

再剋官星，是年離婚。)：丁酉、癸丑、庚戌、己卯。(夫命：丁酉、丙午、己卯、丁卯（1957年7月6日卯時))。(《八字心悟》第99頁)

3. 女命（甲己合而不化，癸水身旺。1997年丁丑年夫妻宮三刑，同時亦是刑入了本限，加上流年與日柱天剋地沖，是年離婚)：己亥、甲戌、癸未、庚申。

4. 女命：（1965年9月21日巳時。弱土命，命中官殺為忌，夫妻宮逢刑、夫妻經常動粗。1992年壬申年，夫妻宮三刑，加上流年與日柱天剋地沖，有凶象，是年於申請離婚過程中，夫自殺亡)：乙巳、乙酉、戊寅、丁巳。(《八字心悟》第212頁)

5. 男命（1965年4月30日巳時。此造原局有申巳刑，34歲流年戊寅，大運亦為戊寅，歲運並臨，與日柱天剋地沖，加上寅巳申三刑，是年被車撞成重傷，大耗破財)：乙巳、辛巳、甲申、己巳。

第六章：賓主體用

## 第六章：賓主體用

### 第三十三訣：賓主訣

1. 賓主訣告訴我們甚麼東西是自己的，甚麼是別人的。

2. 賓主是一多層次的概念，如以日主為我，其他干支就是別人，是我要面對的賓；日柱代表我和配偶，代表我自己的家，如以日柱為我，他柱就是賓，即代表我的家以外的世界，有父母的家、兄弟姊妹的家等；或者把我和孩子一起看成是我自己的家也可以，這樣日時柱為我，年月柱是賓，可以代表我的大家族吧。這就是以宮位來代表「自我主體」與「外物客體」。

3. 大運流年是外來的，對我的八字產生影響，故以八字為主，大運流年為賓。

4. 看財星在其麼位置，如在主位，就是我的財，如在賓位，就是別人的財了。官、印、食傷、比劫看法也是如此類推。

5. 看主與賓的作用關係，譬如財來合主、財被賓合或財被賓沖等，可以知道財是否與我有關，能否成為我的。官、印、食傷、比劫看法也是如此類推。

6. 賓與主的作用關係中，代表了一個人在社交中能體現能力大小及其富貴貧賤，所以極為重要。

**命例：**

1. 乾造（財星合身為自己的財，加上身財兩旺，是為富命。從事房地產開發）：庚子、丙戌、壬申、丁未。

2. 乾造（財星合身為自己的財，但辰濕土無法幫身，是身弱合財，必有常花錢浪費，為財奔波）：壬辰、癸卯、戊辰、丙辰。

3. 乾造（此造為假從格，以辛酉為主，大運流年若現甲木財星為己土合、乙木財星則為庚金合，財合賓位，就是為他人作嫁衣裳了。此為成功法律界人仕，惜只能為他人賺錢）：庚子、辛巳、辛酉、己丑。

4. 張國榮（壬水為主，日柱是壬午暗合財星，壬水又合月干財星，財富極豐之象，且其財富丁火祿位在夫妻宮午火，故其情人唐先生助其財富成就）：丙申、丁酉、壬午、己酉。（《八字心悟》第207頁）

**第三十四訣：體用訣**

1. 賓主訣是以宮位來代表「自我主體」與「外物客體」，體用訣是把八字十神來分作「體」和「用」。

2. 體是我自己及我能使用的工具，例如日主、印、比肩等都是體；用是我的目的、我的追求，即是我要得到的東西，例如財、官等都是用。

3. 例如命局財星多，表達了人生事之追求、我要得到的東西，但財星多不一定主富貴，還要看財星出現在甚麼地方，財星與我的關係作用等。例如財星多但我卻沒法與它們有甚麼關係作用，就是沒法把它們得到，那自然是不能富貴起來了。又例如財星極旺為害，那麼財星反而會表亦破財或為財而遭殃，那自然亦不能富貴起來了。這就是體用的概念了。

4. 日主、印星、比劫是體；財星、官星是用。食傷既可以是體，又可以是用。在思想智力方面來看是體，在享受、名譽方面來看，就是我追求的東西，故亦可以是用。

**命例：**

1. 香港（子辰合開了水庫，故體為甲辰、甲子。辰土偏財化為水印，可知財經金融實為香港之本體。用為火生丑土財星，亦即知識型經濟，所謂『食腦』是也）：丁丑、丙午、甲辰、甲子。（《八字心悟》第90頁）

2. 李嘉誠（申癸辰暗三合為水印，水木為體。用為火生三土財星為用，亦即念念求財及得財也。日支申金七殺化為水印，酉金生旺水印，故可知權亦為李嘉誠之所用，故在社會上有其影響力）：戊辰、戊午、甲申、癸酉。（《八字心悟》第172頁）

3. 乞丐命（乾造）（癸酉日柱，金水為體，命局全然無用，故而缺乏進取、遲鈍消極）：辛丑、辛丑、癸酉、辛酉。（《八字心悟》第152頁）

4. 貴命、凶命（戊土及庚申金為體，七殺寅木為用。寅木逢申沖剋，是制殺得宜主威權，主吉。命局雖有貴氣，惜地支全被沖動，故亦極險。用神、火。火運顯達、申運被害、凶命）：庚申、戊寅、戊寅、庚申。（《八字心悟》第157頁）

## 第三十五訣：賓主功神訣

1. 八字的賓主與體用其實表現了一個人的人生過程。

2. 要知道這個人想做甚麼，先從主位入手，即先看日十日支，日支是體還是用呢？如果是體，則必須「有事做」，必須在跟別的十神發生關係，不能只是「閑着」，若閑着必無事生非，即是劣命。財星、官星等是用的東西，要與體的東西發生關係，被體剋制著、或被體合了或被體化了，方能有所作為。

3. 食傷用作生財、制官殺即為用；食傷用作洩秀則為體。

4. 如果將八字中體用賓主之間的作用關係稱作「做功」，可將八字中參與做功的神稱為「功神」，將八字中不參與做功的神稱為「廢神」。

5. 我主位的體來追求到賓位的用這個過程作是正向做功，我主位的用與賓位的體發生作用，這個過程作是反向做功。

6. 十天干與十二地支可理解成不同屬性的能量體，由相互的合、沖、刑、剋等關係，八字中的天干地下軍支就存著能還的碰撞、耗散及湮滅。所謂功神就是能量耗散後能產生效率的，即有功；廢神就是能量耗散後不產生效率的，即無功。廢神的另一個情形是不消耗能量，即不作功。

7. 成功者的八字結構是多功神而少廢神，或功神雖少但效率特別高；平庸者的八字結構是多廢神而少功神，或有功神卻效率低。這就可以分命局的富貴貧賤了。

8. 當主或體較強旺，則以賓或用出現才能體現其價值；若相反，則賓或用出現反為不利。

9. 功神是八字的核心。看八字的功神的對命局的做功的方法，要先看日干，再看日支。看日干要看日干是否有合，若是合正官或合正財，就是本人想追求的東西，能否得到，則要看這合是否有效律了。如果日干

沒有合，就要看日干是否直接貼身生食傷，有的話就要看食傷在命局中的功用了。日干如果既無合又無生，就不看日干而專看日支了，先看日支與他支是否成黨成勢，或是否與其它地支有合、沖、剋、刑、害等做功的方式。有些八字是日柱干支都不做功，那就要看其它干支的比劫是否做功，不過便縱是有這個八字的格調也不高，一般都沒有甚麼成就。

命例：

1. **男命（天干戊癸合、地支午未合，官星及傷官受羈絆而為廢神，體為日干辛金及時干庚金，只透過時干庚金剋時支寅木起少許作用，功效率低，加上日干辛本身又因不作功而成為廢神，故此凡欠動力、對周圍所發生之事物缺乏興趣，無上進心，為人怠懶。**命局可說是無功神了**）：癸酉、戊午、辛未、庚寅。**

2. 曾蔭權（申癸辰暗三合化水為是木印星，加上年干及日主甲木為體，全局以月支酉金生旺印星癸水、得令的辛金有效率地剋制日干甲木為有功，故辛酉金為命局功神，主貴氣，故能官至香港特別行政區首長）：甲申、癸酉、甲辰、辛未。（擇自《八面圓通》）

3. 男命（此命造以七殺巳火生主位的辰土印
   星為功，殺主權力，再看巳與天干辛金暗
   合，有七殺制刃之象，七殺主權力，刃主
   武，故是執法人員）：壬子、壬寅、庚辰、
   辛巳。

4. 蔣介石次子蔣緯國命造（我主位的體來追
   求到賓位的用這個過程作是正向做功，我
   主位的用與賓位的體發生作用，這個過程
   作是反向做功。命局日柱丙子，子為官星
   是用而不是體，天干三火得印星甲木生，
   加上時支午火，木火極旺為體，幸得主位
   的子水沖剋火體，是水官反向做功有效，
   故主官貴）：丙辰、丁酉、丙子、甲午。

## 第三十六訣：制用功神訣（功神作用訣之一）

1. 八字通過『賓主』之間『體用』的制衡關係，
   以得到當事人所追求的東西，稱為『制用
   做功』，直接表現了一個人的人生追求。

2. 制用做功包括：比劫制財、財制比却、比
   劫制官殺、官殺制比劫、食傷制官殺、官
   殺制食傷、食傷制印、印制食傷、財星制
   印、印制財星等十種格局。

3. 制用結構中效率高低是辨別八字等級高低
   的依據。

4. 制法中包括合制、沖制、刑制、剋制、害
   制等。

**命例：**

1. 元世祖忽必烈之命造（乙木成天元一氣，加上年支亥水。八字中以水木為『體』，金為『用』。日柱乙酉，酉金七殺直接剋木作功，是有效率的官殺制劫，故成就其『一代天驕』之霸業。）：乙亥、乙酉、乙酉、乙酉。

2. 漢初三傑之韓信之命造（八字中以木為『體』，金火為『用』。日柱乙卯，三酉金沖日支卯木為正方向作功，惜金旺木弱，作功效率不高。雖得月干丁火剋酉金而成食傷制官殺的『制用』作功，惜金旺火弱，作功效率亦不高。需待火運方能改善食傷制官殺的『制用』效率。故於甲午運得蕭何引薦而登壇拜將、封王，權高勢大。癸巳運癸水剋丁火，巳酉合加強金力剋木，食傷制官殺的『制用』作功完全失效，故呂后斬首，三族被夷，英年早逝）：辛酉、丁酉、乙卯、乙酉。

3. 丈夫大富之女命（八字中以土為『體』，金木為『用』。日柱己未，時柱戊辰，得乙木月干及地支卯未未類木局，形成官殺制比劫，順方向『制用』有效，故其本人為名校校長、丈夫為成功商人）：辛卯、乙未、己未、戊辰。（《八字心悟》第192頁）

4. 盜賊命（八字中以木為『體』，金土為『用』。日柱乙丑，命局辛巳丑暗三合成局，辛金順方向剋乙木日元，是官殺制比劫之局。惜木弱金強，弱木弱逢金，必為砍折，這個『制用』沒有效率，故為盜賊之凶命）：辛巳、戊戌、乙丑、辛巳。（《八字心悟》第152頁）

5. 常人之命（八字中以金水為『體』，火為『用』。日柱癸酉，金旺成局，丙火合剋金原可為財星制印之局，可惜丙火剋金乏力，是無效率的做功，加上丙火功用神只向賓位的年干辛金用功，命局格調極低。故此人為人懶散，不知所謂）：辛酉、丙申、癸酉、辛酉。（《八字心悟》第162頁）

## 第三十七訣：化用功神訣（功神作用訣之二）

1. 八字通過『賓主』之間『體用』的轉化關係，以得到當事人所追求的東西，稱為『化用做功』，表現了一個人把人生凶的力量轉化為自己所用的人生態度。

2. 化用做功主要為印星化官殺，形成殺生印、印生身的結構，把官殺凶險的力量轉化為自己所用的。

**命例：**

1. 劉鏞（八字以火土為『體』，水木為『用』。日柱己丑，日干己土被時干甲木合剋，幸得丙火貼身化解，形成殺生印、印生身的結構，把官殺凶險的力量轉化為自己所用的，故甲木丙火『化用』做功有效。故能成為太平宰相數十年）：甲子、丙寅、己丑、甲子。（《八字心悟》第151頁）

2. 曾蔭權（八字以水木為『體』，土金為『用』。日柱甲辰，申癸辰暗三合水局，日干甲木被得令的時干辛金所剋，幸得癸水貼身化解，形成官殺生印、印生身的結構，把官殺凶險的力量轉化為自己所用的，故辛金癸水『化用』做功有效。故能成為香港特別行政區第二位特首）：甲申、癸酉、甲辰、辛未。（擇自《八面圓通》）

3. 貴命（八字以木火為『體』，金水為『用』。日柱丙子，子水貼身剋制丙火。幸得強旺的乙木貼身化解，形成官殺生印、印生身的結構，把官殺凶險的力量轉化為自己所用的，故木水『化用』做功有效。加上運行東南，故主大貴）：壬申、壬寅、丙子、乙未。（《八字心悟》第156頁）

4. 貴命（八字以火土為『體』，水木為『用』。
   日柱戊寅，七殺剋日主直接作功，得月柱
   丙午轉化，火印洩官殺生身，化七殺為我
   所用，故是當官之命。可惜時柱乙卯中之
   乙木貼身剋日主無制為忌。己酉運酉沖卯，
   剋制乙卯忌神，開始升官；庚戌運得庚乙
   合、卯戌合，官運亨通；辛亥運遇丙辛合
   而壞印，亥卯又半三合，官旺剋身無制，
   此運故拋了官）：壬寅、丙午、戊寅、乙卯。

## 第三十八訣：生用功神訣（功神作用訣之三）

1. 八字通過『賓主』之間『體用』的轉化關係，
   表現為食傷生財，所表達的是把自己的想
   法變成財富的人生態度。

## 命例：

1. 香港特別行政區（八字以水木火為『體』，
   土為『用』。食傷火旺生丑土辰土，食傷生
   財的『生用』做功效率極高，故經濟自能富
   裕）：丁丑、丙午、甲辰、甲子。（《八字心
   悟》第90頁）

2. 小貴之命（八字以土金水為『體』，木為
   『用』。日柱庚辰，命局三合成水局，甲木
   過弱不受水生。故食傷生財的『生用』做功
   效率較低，故只能維持小康）：癸酉、甲
   子、庚辰、甲申。（《八字心悟》第160頁）

3. 貧賤女命（八字以金水木為『體』，火為
『用』。日柱壬辰，命局水多木漂。乙木不
受水生不能生旺丙火。故食傷生財的『生
用』做功無效率，故主貧賤。『丙為雙目，
癸巳運、庚申年得白內障，辛酉年失明）：
丙辰、庚子、壬辰、乙巳。（《八字心悟》第
232頁）

4. 孫中山（日柱辛卯，辛金不做功，以地支
卯木為八字的中心。四柱地支形成木局勢
極旺盛，借丙火洩秀，是有效率的財生官
殺『生用』做功，故能成為中國走向共和的
第一任總統）：丙寅、己亥、辛卯、庚寅。
（《八字心悟》第109頁）

## 第三十九訣：洩用功神訣（功神作用訣之四）

1. 八字通過『賓主』之間『體用』的轉化關係，
表現為食傷洩秀，所表達的是發展自己的
才華的人生態度。

## 命例：

1. 孔子（日柱庚子、日柱地支子水食傷，表
示此人有才華，水勢浩瀚，洩秀有力，地
支子水直接洩用做功有效，故才華蓋世，
故能名垂千古，成為萬世師表。惜命中官
殺乏力，對日主做功無效，故官做也不大。

命中食傷又不生財，故也不是大富之命）：
己酉、癸酉、庚子、丙子。（《八字心悟》第
194頁）

2.　大企業董事長（日柱壬子、日柱地支子水
　　生了食傷，地支子水順方向『洩用』做功
　　有效。食神寅木裡暗藏財星，將自己的想
　　法變成財富之象，運走南方火旺之地，大
　　富）：壬寅、癸卯、壬子、壬寅。

3.　摘自《滴天髓》之富命（日柱丁巳火旺，地
　　支巳午未三會火更旺盛，得戊己辰土『洩
　　用』做功有效洩秀，故為佳造）：戊辰、己
　　未、丁巳、丙午。

4.　貧賤女命（命局地支寅卯辰三會木局，日
　　柱甲辰，木勢浩瀚，靠丁火貼身順方向『洩
　　用』作功為要，可惜丁火洩秀乏力，故『洩
　　用』作功效率極低，故為貧賤之命）：癸巳、
　　甲寅、甲辰、丁卯。（《八字心悟》第231頁）

## 第四十訣：墓用功神訣（功神作用訣之五）

1.　八字通過『賓主』之間『體用』的轉化關係，
　　表現為入墓的做功方式，如財星入墓，墓
　　所表達的是得到、控制、管理、擁有、佔
　　據等含義。

**命例：**

1. 小貴之命（壬寅日柱，八字以金水木為『體』，土為『用』。日支寅木食神，表示此人有才華，木入未土『官』墓為官星在命局的做功方式，故有才華被官方所用之象。寅為內食神，可象徵企業，所以此人是個企業經理。）：己未、癸酉、壬寅、庚子。

2. 大紅藝人：楊冪（坤造）丙寅、丁酉、己未、庚午。己未日柱，土有金能泄秀，童星出身，甲運結婚。寅木入墓，官星很貴又為我用。

## 第四十一訣：日柱合用功神訣（功神作用訣之六）

1. 如以日主或日支為『體』，合着了賓位的『用』，這就是日柱合用功神結構。

2. 日生可以是合財或合官；日支逢六合，可合財、合官、合食傷，所合的東西就是日主所求的。

3. 可否順利得到想合之物，便要看八字的整體配合了；如果合的東西被破壞了，這個八字便是被破壞。

4. 合財要看身強身弱，身強可以任財，身弱就不能任財。身財俱旺，命主大富；身弱財旺，財又不作功，命主貧窮；身旺財虛，雖不窮，但一生愛花費，故只是一般而已；身弱財虛，不會得大財，不缺吃喝而已。

**命例：**

1. 劉鏞（日主合正官）：甲子、丙寅、己丑、甲子。（《八字心悟》第151頁）

2. 張國榮（日主合財，身財俱不弱，主能任財富）：丙申、丁酉、壬午、己酉。（《八字心悟》第207頁）

3. 宋子文（日主合財，且能從財成格，命局屬「夫從妻化」，庚乙合而化木，其人必主大富；惟「夫從妻化」有夫憑妻貴之象，必敬畏妻子）：甲午、乙亥、庚辰、己卯。（《八字心悟》152頁）

4. 左宗棠（日主合財，身財俱旺，主富；清代名將左宗棠，擁有二等恪靖侯、東閣大學士、太子太保、一等輕騎都尉、賞穿黃馬褂、兩江總督、南洋通商事務大臣等七個頭銜，風光了半生）：壬申、辛亥、丙午、庚寅。（《八字心悟》第151頁）

第七章：靈機妙象

## 第七章：靈機妙象

### 第四十二訣：宮位象訣（靈機象訣之一）

1. 年柱有『根』之象，代表幼年至青年時期的家庭生活，代表長輩與父母、知識與學業及個人的責任感，故可稱為『父母宮』。月柱有『苗』之象，代表青少年及成年時期，代表自我、兄弟姊妹及同輩，故可稱為『兄弟宮』。日柱有『花』之象，代表壯年及中年時期，主要代表夫妻及感情事、財官成就，故可稱為『夫妻宮』。時柱有『果』之象，代表晚年時期的生活。能表現一個人的晚年飲食享受、名譽、社交生活、子女及晚緣份，故可稱為『子女宮』。

2. 宮位亦代表着運限。將命局四柱分成四個時期，每期謂『一限』，即一柱一限。年柱為初限，主出生開始至十六歲；月柱為第二限，主出十六歲至三十一歲；日柱為第三限，主三十一歲至四十七歲；時柱為第四限，主四十七歲以後。以年柱為初限，如喜用神在年柱得力，則初限運佳。如喜用神在年柱但無力，則初限期家境雖好亦有限，如喜用神在年干遭鄰干所沖剋，是家境由好變壞之兆。其他各柱之吉凶，亦如此類推。

**命例：**

1. 李澤楷（父母宮為丙午火，能生旺兄弟宮之己土印星，火亦能調節命局之陰陽，有『根、苗』俱為上吉之象，故代表幼年、青年、成年時期的家庭生活環境良好，加上官星代表上進心，積極進取，故能少年得志，可算是『雛鳳清於老鳳聲』。如非心術不正，自應可一生無憂）：丙午、己亥、辛未、壬辰。（擇自《八面圓通》）

2. 梅豔芳（父母宮為地支為卯木用神，惜被戌所合而不化，有『根』遭破壞之象，故幼年失學，小小年紀便已要以賣唱為生，實堪同情）：癸卯、壬戌、丙戌、丁酉。（《八字心悟》第194頁）

3. 李嘉誠（父母宮為財星忌神，又逢兄弟宮月令之生旺，有『根、苗』俱不佳之象，故代表幼年、青年時期的家庭生活較艱苦。故李嘉誠之命造，是靠個人努力，白手興家，這點值得大家學習）：戊辰、戊午、甲申、癸酉。（《八字心悟》第172頁）

4. 漢初三傑之韓信之命造（父母宮為官殺星忌神，又逢兄弟宮月令之相旺，有『根、苗』俱不佳之象，故代表幼年、青年時期的家庭生活較艱苦。韓信年少時家中極貧窮，常釣魚於城下，受漂母贈與飯食，又飽受當地惡少胯下之辱，這些都是膾炙人口的故事。）：辛酉、丁酉、乙卯、乙酉。

## 第四十三訣：四正、四庫、四長生訣
## （靈機象訣之二）

1.  四正：「子、午、卯、酉」。代表東南西北四個最正中的方位，是四個不易改變五行的地支，所以主固執、執着、堅持自己原則。故「子、午、卯、酉」為四將星，性格固執，『死牛一便頸』。「子、午、卯、酉」亦為咸池、桃花，故又稱為四桃花，主痴情、痴心，對感情是特別執着，是佛家三毒中之痴。

2.  四庫：「辰、戌、丑、未」，代表能儲存或能湧出水、火、金、木四種五行的地支，故四庫象徵能生及能藏，所以主能生財及佔有慾極強，是佛家三毒中之貪。「辰、戌、丑、未」亦為華蓋，主孤芳自賞、孤獨自我、唯我獨尊，故為孤星的一種。

3.  四長生：「寅、申、巳、亥」，代表剛出生，所以主充滿變數、變幻莫測。因中國古代將春、夏、秋、冬，分為孟春、仲春、季春、孟夏、仲夏、季夏等，「寅、申、巳、亥」即分別為孟春、孟秋、孟夏、孟冬，故「寅、申、巳、亥」又稱四孟，孟者亦是啓始，初生之謂。「寅、申、巳、亥」亦為驛馬星，主隨時改變，包括變化、變節、變臉、變質、搬遷、暴發、破產、變動等；內心常動，不安於現狀，是佛家三毒中之嗔。

**命例：**

1. 張國榮（三地支為四正方、桃花，為情必執，多情多慾，為人也太痴）：丙申、丁酉、壬午、己酉。（《八字心悟》第207頁）

2. 董建華（兩地支為四庫地，主能生財及佔有慾極強；四庫亦為華蓋，主其人孤芳自賞、孤獨自我、唯我獨尊，逆耳忠言是聽不入耳）：丁丑、乙巳、丙辰、己亥。（擇自《八面圓通》）

3. 龔如心（兩地支為四庫地，主能生財及佔有慾極強；四庫亦為華蓋，主其人孤芳自賞、孤獨自我、唯我獨尊，逆耳忠言是聽不入耳）：丁丑、己酉、己未、壬申。

4. 左宗棠（三地支為四長生，所以一生充滿變數、變幻莫測。清代名將左宗棠，一生經歷了很多大事件，其中收復新疆令他成為中國歷史上的民族英雄。十四歲湘陰縣試，名列第一，次年長沙府試，取中第二名，及後三次赴京會試，均未考中，時年已廿八歲。這個落魄的窮舉人，及後做了兩江總督府的四品幕僚，到了三十七歲，才遇上了年逾花甲的林則徐，及於四十歲寄身湘軍幕府，始初露鋒芒。到了四十四歲，左宗棠因接濟曾國藩部軍餉以奪取被太平軍所佔武昌有功，被封為兵部郎中。四十七歲那年，左宗棠恃才傲物得罪了永

州鎮總兵樊燮，樊燮一狀告到京城，說左宗棠是「劣幕」，險被就地正法。及後左宗棠邊平亂邊開洋務，到了六十三歲，左宗棠被任命為欽差大臣，督辦新疆軍務，擁有籌兵、籌餉和指揮全權。左宗棠受任後，準備進軍新疆，六十八歲時，抬棺出征戰沙俄，收復新疆。七十二歲時，左宗棠奉召入京，再任軍機大臣，時值中法戰爭，法國艦隊在福州馬尾發動突然襲擊，福建水師全軍覆滅，左宗棠奉命督辦福建軍務，可惜於七十四歲病逝，壯志未酬，含憾而終，結束了他這個充滿着風雲變幻的一生）：壬申、辛亥、丙午、庚寅。（《八字心悟》第151頁）

5. 鄧小平（兩地支為四長生，加上天干甲木、壬水亦為四長生之透出（干支互象），故八字中有五個字是驛馬星，所以一生充滿變數、變幻莫測；主隨時改變，包括變化、變節、變臉、變質、遷移、暴發、破產、變動等。其一生中經歷了三起三落，是充滿着風雲變幻的一代歷史巨人）：甲辰、壬申、戊子、甲寅。（《八字心悟》第114頁）

## 第四十四訣：神煞象訣（靈機象訣之三）

1. 傳統命術神煞過百計，只有極小數對性情有影響力。所謂性格決定命運，故知對性情有直接影響力者，才是重要的神煞。

2. 十神對性情有直接影響，為真神煞，比傳統神煞重要得多。有些十神甚至被加上了神煞之命稱，譬如地支的劫財又名羊刃主好鬥、好逞威風；地支的比肩又名祿神，主剛愎自用；地支的食神又名文昌，若能配合得宜，主智慧成就。又譬如：印星若是貼身生旺日主有力且為用，主其人教養好、好學習，尊敬長上，自然一生得護蔭，貴人扶持；又或者，食傷貼身洩秀有力且為用神，自然好交友，好人緣，一生多愛戴者了，這些當然都會比傳統上的天德、月德、天乙等貴人星更加準確了。

3. 四正、四庫、四長生若偏多，對性情有直接影響，亦為真神煞。四正、四庫、四長生偏多，分別有桃花、華蓋、驛馬之象。這裡跟傳統命術神煞置理不同，批命效果自然亦不可同日而喻。

4. 傳統命術神煞中之『孤辰』、『寡宿』，主孤獨自閉，如能發展宗教或心靈智慧，方可轉化其對性格之壞影響。否則必定影響與六親的關係，甚至影響姻緣，所以有必要特別提醒當事人。

**命例：**

1. 貴命（年支亥水以寅木為亡神，神煞派有歌訣云：『亡神七殺禍非輕，用盡機關一不成，剋子刑妻無祖業，仕人猶恐有虛名。』但此命為一等貴命，可知這『亡神』歌訣並不準，其準確率甚低，因為其基本道理本身有問題）：癸亥、癸亥、戊午、甲寅。（《八字心悟》第158頁）

2. 郭富城（月支戌土，以丙火為天德、月德貴人星，那麼郭富城是因為天德、月德貴星人貴所以成名嗎？其實命理不外乎五行生剋制化，郭富城命造因有食傷貼身洩秀有力且為用神，自然好交友，好人緣，一生多愛戴者了，加上23歲後30年火運，故可以成名，事業且能持續。況且命中帶天德、月德貴人星而又不能走紅的演藝人，相對於能夠走紅的演藝人是多出很多倍呢！）：乙巳、丙戌、甲辰、甲子。

3. 張柏芝（神煞派有歌訣云：『年臨天月二德，父母心慈而祥，行善積德之人。』巳火月令以庚金為月德、辛金為天德。但眾所週知，柏芝父親為江湖中人，甚麼『心慈而祥，行善積德』好像是談不上呢！）：庚申、辛巳、丁酉、己酉。（《八字心悟》第211頁）

4. 貧命（神煞派有歌訣云：『凡命帶將星，如無破壞，主在官界顯達，另四柱配合得宜，可以掌握權柄，以將星坐正官為佳。如果將星坐七殺或羊刃，則主掌握生死的大權。另如果將星坐正財，則主掌握財政上的大權。』此命造子水將星坐日支羊刃，何以卻一生無成，晚運淒涼，僅是衣食呢？皆因為此命造以木火為用神，但卻一直運走北方，故一事無成，晚年僅足衣食，可知八字仍離不開五行生剋制化呢！）：丙子、丁酉、壬子、己酉。（《八字心悟》第161頁）

第八章⋯ 六親大義

# 第八章：六親大義

## 第四十五訣：六親真訣（六親訣之一）

1.　十神除描述「日主」的性格和命運外，又可代表不同的六親，是分析十神的重要資料。（《八字心悟》第16頁）

2.　六親分析的基本原理為：

- 以代表六親的十神出現在命局的干支，與日干之間的距離遠近，和十神與日干生剋會合沖刑害的關係，來判斷該六親對日主的影響與親疏關係。

- 以日主的喜忌，看十神代表的六親在命局的作用，為喜亦或為忌，以判斷對日主的實質性幫助能力。

- 以宮位本身在命局是為喜亦或為忌，和刑沖剋害等吉凶關係，來決定日主對相關六親的主觀喜惡感覺。其根本理念為父母看幼年運（年柱代表父母宮），夫妻、兄弟看中年運（月柱代表兄弟宮、日柱代表夫妻宮），子女看老年運（時柱代表子女宮）。

- 以十神代表的干支的旺衰吉凶，和十神與命局干支生剋會合沖刑害的關係，來判斷六親各自的生命力、成就與吉凶。（《八字心悟》第187）

3. 總結來說，論六親應先看宮位，次看代表六親的十神（與日干距離遠近、衰旺吉凶及生剋刑沖，在命局的喜忌），兩相參看，即知底細。（《八字心悟》第188頁）

**命例：**

1. 鍾楚紅（日生甲木，坐戌土火庫洩秀為用。日柱干支，上下相連，日支與日主最為親切，故日柱為夫妻宮。日支不論是為比劫財官食傷，如果是日主的喜用神，由於自我感覺良好，夫妻必為良緣。以日主的喜忌，看十神代表的六親在命局的作用，為喜亦或為忌，以判斷對日主的實質性幫助能力；庚金極弱虛浮，自身也靠月干戊土生扶，對日主的實質性幫助能力有限。惜癸酉大運合去戊土，其夫於丁亥年不幸患腸癌逝世）：庚子、戊寅、甲戌、丙寅。（《八字心悟》第211頁）

2. 《滴天髓徵義》命例（子女看時柱，象徵上一代的過去，全賴後一代去興旺。故推測子女，時柱干支不論是為比劫財官食傷，如果是日主的喜用神，對子女必多關愛，某程度上可算子女緣佳。如果時柱干支是日主的忌神，與子女易生磨擦，子女緣有不足之處。戊土日主身旺，夫妻宮及子女宮俱為忌神，妻緣、子女緣有不足之處。

加上妻星及子女星極弱，其生命力亦較弱，故一交丙戌大運，支會火局，破耗異常，剋一妻二妾四子。至丁亥運，干支皆合壬水財星化木更生旺火，孤苦不堪，削髮為僧）：庚寅、壬午、戊午、丁巳。(《八字心悟》第84頁)

3. 梅豔芳（六親緣份薄弱）：癸卯、壬戌、丙戌、丁酉。(《八字心悟》第194頁)

4. 女命（丁火弱命，夫妻宮印星為用，自我感覺良好，愛夫。但亥水夫星不外露天干，又逢寅亥合而不化，夫不成材，安於現狀，自二零零三年起失業多年，全賴辛金財星護蔭，故夫日常花費也得依靠太太，此為命也）：辛亥、庚寅、丁卯、戊申。(《八字心悟》第213頁)

## 第四十六訣：六親借盤論命訣（六親訣之二）

1. 借盤論六親法又稱借表論六親法，或簡稱借盤論命法，是八字命理論六親的主要秘訣。所謂「盤」就是八字命盤；即八字命局。當不知道生辰時，可借用親蜜的六親（如夫妻或子女）的命盤，轉換日主後，替代使用。這就是借盤論命法。（例如：當我們借丈夫的命盤來推論他的妻子的命運時，要經過一個轉換步驟。首先將丈夫原來的正財變為太太的日主，丈夫原來的日主變為太太的官星，其它的六神則以太太的日主為中心，依序改變成為一個新的命盤，以作推論）。（《八字心悟》第191頁）

2. 借盤論命法的使用，要留意以下數點：

   • 通常八字中的日干為日主，代表自我。但借盤後新命盤的日主則沒有固定位置。

   • 借盤人的日主在新命盤中若有多個選擇時，天干優於地支。天干之中，若借盤人為父或母，年干優於月干及時干；若借盤人為夫或妻，則月干優於時干及年干；若借盤人為子女，則時干優於月干及年干。

- 借盤人的新大運和原盤相同，不必另排大運。
- 借盤人的新命盤的月令與原命盤相同，即得令或失令的五行相同。
- 借盤人的新命盤不用論宮位及各柱的歲限。
- 原盤之中若沒有該六親的十神，則該六親的命局不能勉強使用借盤論命法去推論。（《八字心悟》第192頁）

**命例：**

1. 女命（丈夫借盤後得出的新命局如下。丈夫的新命局正偏財強旺而相對地日主稍微較弱。土為財星，財星當旺得令，丈夫為商人。丈夫五行忌土，土旺除了較易破財外，亦傷害婚姻關係，且多有外遇。其中二十七歲至三十七歲的土運尤甚，每當遇上火土流年，亦有同樣應驗。三十七歲至五十七歲的水大運為丈夫順運，能任偏財，生意跟婚外情俱熾熱）：辛卯、乙未、己未、戊辰。（《八字心悟》第193頁）

坤造：

食神　辛卯　七殺

七殺　乙未　七殺、偏財、劫財

日主　己未　七殺、偏財、劫財

劫財　戊辰　七殺、劫星、正財

大運：

7　丙申

17　丁酉

27　戊戌

37　己亥

47　庚子

57　辛丑

67　壬寅

## 某太太命造 (1951-7-18)

乾造：

七殺　辛卯　比肩

日主　乙未　比肩、食神、偏財

偏財　己未　比肩、食神、偏財

正財　戊辰　比肩、偏印、正財

大運：

7　丙申

17　丁酉

27　戊戌

37　己亥

47　庚子

57　辛丑

67　壬寅

## 借盤論斷法（丈夫）

其丈夫八字為：壬辰、庚戌、乙未、庚辰：（1952年10月16日辰時）。弱木逢地支四土，八歲入運，其中二十八歲至三十八歲的癸丑土運逢丑未戌三刑入夫妻宮尤甚，傷害婚姻關係，且多有外遇。每當遇上火土流年，亦有同樣應驗。三十八歲至五十八歲之甲寅、乙卯大運幫扶日生制土有功，能任偏財，生意當然成就，小妾與眾紅顏知己當然也少不了的。

2. 女命（丁火弱命，夫妻宮印星為用，愛夫。但亥水夫星不外露天干，又逢寅亥合而不化，夫不成材，安於現狀，自2003年起失業多年，全賴辛金財星護蔭，故夫日常花費也得依靠太太，此為命也乎？若以借盤論命法看丈夫之命，則以年支亥水官星為借盤中丈夫之日主，並於癸巳大運中遇戊癸合及巳亥沖把水皆全然剋制，並於2003年癸未年起失業多年，自2003年起之甲午、乙未及丙申大運中將有25年之木火運，亥水只怕難求突破，可謂時也、命也、運也！）：辛亥、庚寅、丁卯、戊申（1971年2月11日申時）。（《八字心悟》第213頁）

## 第四十七訣：男女合婚訣（六親訣之三）

1. 所謂八字合婚，是將男女雙方八字合參推論，看可否順利成婚、融洽相處或白頭偕老。八字合婚的最終心法，是以一方的八字推論其配偶及婚姻的種種，再對照另一方的所示是否符合。若兩者越吻合，則越具「夫妻相」。相反，若很背離則非屬一對。而我們在第四十六訣討論過的借盤論斷法，最適用於合婚，因為夫妻是名符其實的「我中有你、你中有我」。借男盤論他的妻子的命，或借女盤論她的丈夫的命，再看是否吻合，以決定是否具「夫妻相」，往往都是靈驗非常。（《八字心悟》第198頁）

2. 八字合婚若用於八字擇偶，固然能助我們選出最理想的伴侶。但是若男女雙方已有深厚感情或已談婚論嫁，八字合婚結果縱然不吉，亦不應過分執着。須知八字所推論得知之一切，均屬先天的預兆，而非絕對的事實。因為事實的結果，必然由後天人為才能引發而生。故縱然八字合婚結果不吉，若夫妻雙方能夠共同深入癥結，所謂「二人同心，其利斷金」，未必不能創造幸福美滿的婚姻。（《八字心悟》第198頁）

3. 論合婚的誤區：

- **生肖合婚之謬論**：凡男女出生年的年支相刑、相害、相沖都不宜婚配；相合、相生都宜婚配。民間還有用生活中幾種動物的相互殘食關係來判斷，如老虎吃羊⋯等。生肖合婚完全違背了五行生剋制化的規律，絕對不足為信。

- **神煞合婚法**：此法以唐朝呂虛才神煞合婚法為代表，以男女雙方命宮為依據，將命宮分為東四宮（震、巽、坎、離）和西四宮（乾、坤、兌、艮），要求本宮男女相配。上佳之配者，還要求乾宮配坤宮（老男配老婦）、震宮配巽宮（長男配長女）、坎宮配離宮（中女配中男）、兌宮配艮宮（少女配少男）等。如異宮相合或陰陽失調，皆被說成婚姻不幸。神煞合婚只憑一個年柱代表一個人的特定婚姻信息，完全違背了五行生剋制化的規律，亦是不足為信。

- **合四柱法**：有之人片面理解合為吉，刑沖為凶。因此將男女雙方八字排列在一起，認為若兩日柱有合或相生為佳配，相剋刑為不吉，並以天地俱合為上等婚姻。若同時再加上兩月柱有合或相生，則更為上上等的婚姻。這

種方法屬於江湖騙人技倆，並無依據。
如果合而為忌神，難道也能説成相配
嗎？（《八字心悟》第209頁）

**命例：**

1. 蔣宋美齡（木火土三行、「印身食」成象，
五行雖無所不宜，惟忌申金，犯衰神沖旺
之象。1949年流年己丑，大運庚戌，是年
命犯三刑，國民黨全面撤守台灣，其夫蔣
介石亦於是年被迫辭職，下野前後約十一
個月；又於1969年9月，流年己酉，大運
戊申，犯衰神沖旺，其夫蔣介石在陽明山
遭遇車禍，身體狀況自此大為衰退。）：戊
戌、甲寅、丙寅、戊寅。（蔣介石生於1887
年10月31日：丁亥、庚戌、己巳、辛未。
妻宮是用神，得妻宋美齡助力。丙寅大運
（1925年至1934年）。用神丙火透出，並長
生於寅。蔣介石個人來説，一生最好的大
運就是這個丙寅大運了。丙寅大運中，在
丙寅年(1926)，被任命為國民革命軍總司
令。在戊辰年 (1928)，蔣介石親自指揮北
伐軍渡過黃河。12月，東北的張學良宣佈
改旗易幟，北伐至此結束。中華民國在形
式上得到了統一。並出任國民政府主席兼
國民政府軍事委員會委員長。）

2.　女命：甲辰、甲戌、癸丑、丙辰（1964年
　　10月31日辰時）：弱水命、金水為用，對
　　金水旺極的丈夫一見鐘情。（夫命：癸卯、
　　癸亥、庚申、壬午（1963年11月13日午
　　時））。（《八字心悟》第212頁）

3.　男命：丁酉、辛亥、乙未、己卯（1957年
　　11月19日卯時）：地支三合成局，身極旺；
　　印星為忌，忘恩負義；木旺成林而缺火洩
　　秀，木為忌神，主不仁；木旺又主易受騙；
　　比劫爭財太過，剋妻，時而對妻動粗，而
　　妻本身健康亦不甚佳；比劫爭財太過，亦
　　是典型賭徒心態，投機心極重，以至債台
　　高築。如此丈夫，對於渴求愛情的少女們，
　　是不是一記當頭棒喝呢？（妻命：丙申、辛
　　卯、己亥、戊辰（1956年4月2日辰時）：卯
　　木夫星不外露天干，又逢卯亥半合，夫不
　　成材；亥水亦生護着卯木，財生官之象，
　　丈夫常花太太錢；己土與亥水支藏之甲木
　　成天干暗合，日主暗合夫星，愛夫如命，
　　此亦命也！）。（《八字心悟》第214頁）

4. 男命：庚子、壬午、癸巳、癸丑（1960年7月4日丑時）：身印俱旺，印星為忌，忘恩負義。壬午暗合，巳丑拱合，火全受制，命局陰森成象，不仁不義；正財偏財，大運丁火偏財外露生婚外情；身旺比劫剋財太過，妻遭虐侍。（妻命：癸卯、乙卯、壬申、??（1963年3月30日）：壬水身弱，夫妻宮申金為用神，對丈夫之愛近乎盲目，對丈夫之所為完全逆來順受，此亦命也！）。（《八字心悟》第213頁）

第九章：八字擇吉

# 第九章：八字擇吉

## 第四十八訣：扶山相主訣（八字擇吉訣之一）

1.  正五行擇日的理論與正五行命理是相通的。正五行八字命理只論五行生剋制化，反對神煞、納音、生肖、星宮等之批斷。同樣地，正五行擇日，亦只論五行生剋制化，簡單明瞭，**容易理解，容易掌握**，充份地表現「簡易易知」的易學本質。（《八字心悟》第234頁）

2.  正五行擇日之心法，可簡單地總結為『扶山相主』。（《八字心悟》第236頁）

3.  所謂相主，是要補足當事人命理的五行用神的不足。日柱為日課的主事，重點在天干（日主）。正五行擇日，即所謂運用日課補足當事人的八字用神，其具體方法為：

    *   日課中的日主必須是當事人的用神，絕不能與用神背道而馳；

    *   日課中的日主要強旺，地支要載，且全局要順生有情。（《八字心悟》第236頁）

2.  所謂扶山，是以屋的坐山為主、或以灶頭或床頭或神位的坐山為主、或以來龍的坐山為主、或以墓碑的坐山為主，並以日課地支生扶之。其具體方法為：

    *   日課地支不能沖剋或洩坐山。

- 日課地支最好能成格成局（其中以三合局為最吉利），比和或生旺坐山。

- 例如坐山屬木（甲、乙、寅、卯、巽），則日課可用地支亥、卯、未三合木局，是謂同氣相旺。地支申、子、辰三合水局亦可用，是謂印局。又地支可全用四丑、四未、或四戌（四辰自刑不可為用），是謂土局，木剋土為財局，亦可取用。而火局（洩我者為洩局）與金局（剋我者為煞局），均不宜取用。（《八字心悟》第237頁）

3. 正五行擇日與八字命理不同之處，在於八字剋洩皆喜，日課則喜洩不喜剋。八字喜棄命從強旺成格、日課則忌從格。（《八字心悟》第236頁）

4. **如扶山與相主兩者不能兼得，則應以扶山為首要。因為如果宅吉，日課又吉，縱使宅主命運衰，亦能為其「消災解難」。**（《八字心悟》第239頁）

5. 一般而言，日課的影響力最有效的時間是一百天之內。

6. 從第四十四訣之神煞象訣可知，四正、四庫、四長生偏多，分別有桃花、華蓋、驛馬之象。四正、四庫、四長生若偏多，分別代表帶桃花、華蓋、驛馬之日課。

## 命例：

1.  商舖於一九九八年造子山午向，宅主四柱
    為：乙巳、丁亥、戊辰、癸丑，火為用神。
    裝修日課為：庚辰、甲申、丁巳、丙午；
    進宅日課為：庚辰、丙戌、丙午、庚寅。
    大吉。

2.  興建子山午向宅，宅主之八字以庚金日主
    太弱而財太旺，以金為用神。開工日課為：
    己卯、丁卯、庚申、庚辰；己卯、甲戌、
    庚申、辛巳。大吉。

3.  裝修巽山午向宅，宅主之八字為戊申、庚
    申、丙寅、甲午，日主仍偏弱，以火為用
    神。開工日課為：辛巳、辛卯、丙申、甲
    午；入宅日課：辛巳、戊戌、丙午、庚寅。
    大吉。

## 第四十九訣：吉日課訣（八字擇吉訣之二）

1.  催財日課：日主旺，有食傷生財，主富，
    是謂催財日課。

2.  催官日課：日主旺，官旺，主貴，是謂催
    官日課。如果日主不旺而能官印逆生亦可。
    主官貴，主吉。

3.  聰格日課：日主當令且旺，地支得食傷成
    局洩日主的秀氣，是謂聰格，主聰明伶俐，
    好讀書之人。唯官星無氣，如任官職，不
    可用之。聰格日課對於正在讀書的小朋友，
    及對於從事創作的人仕，尤為大吉。

**命例：**

1. 催財日課：食傷生財的催財日課：丁丑、
   癸卯、甲寅、己巳。

2. 催官日課：日主旺，官旺的催官日課：己
   卯、丁卯、丙子、壬辰。

3. 催官日課：官印逆生日主的催官日課：戊
   寅、辛酉、乙亥、丙子。

4. 催官日課：極帶動象的催官日課：甲申、
   壬申、丙寅、甲午。

5. 聰格日課：食傷洩秀的聰格日課：戊寅、
   乙卯、甲戌、庚午。


## 第五十訣：凶日課訣（八字擇吉訣之三）

1. 死日課（從格）：日主處一遍剋洩之死地。
   主凶。

2. 衰絕日課（假從格）：日主極弱，不得令及
   生助極少。主凶。

3. 旺極日課（比劫爭財）：日主得令，比劫重
   重，無剋無洩。或有財而財處死地或被劫
   奪。主大破財。

4. 生盡日課：所謂生盡日課，是指年干本身
   無根又無生扶，其元氣被洩盡而死。這種
   日課一般是男當事人或父有災。所以不論
   日課多貴氣，若為生盡日課，仍為先凶後
   吉的凶造。故主凶。

5. 反骨日課：日課的日柱與年柱天剋地沖，並且日干比年干為旺者，是謂反骨日課。主家無寧日，鬥爭不絕，是非不斷，不出大災大禍已是幸運了。主凶。

6. 三刑日課：地支三刑為：寅巳申三刑、丑未戌三刑、及兩子見一卯或一子見兩卯亦為三刑。三刑日課必主傷災。主凶。

## 命例：

1. 死日課（從格）：中華民國成立：辛亥、庚子、丙子、己亥（1912年元旦22時）。民國建立後，災難重重，在大陸僅統治了三十八年。

2. 衰絕日課（假從格）：天干甲戊庚為三奇貴人日課，就正五行而言，實為衰絕日課，當事人家宅坐山為庚，入宅後災難不絕：戊寅、甲寅、庚寅、戊寅。

3. 旺極日課（比劫爭財）：「楊公日課」中所謂大吉之造，就正五行而言，乙木處死地又被合，故財全死。除非當事人八字用神為金，且正好木成局成象，方可解日課的破財之象而致得財無礙。若當事人又是金旺，金為蕭殺之神，必主殺身凶災。實為旺極日課，大凶：庚辰、乙酉、庚辰、乙酉。

4. 生盡日課：傷及老父的生盡日課之一：戊寅、庚申、庚子、庚辰；傷及老父的生盡日課之二：戊申、庚申、壬子、壬寅。

5. 反骨日課：家無寧日的反骨日課之一：乙亥、壬午、辛巳、戊子；家無寧日的反骨日課之二：己未、丙寅、乙丑、甲申。

6. 三刑日課：必主傷災的三刑日課：丙子、辛卯、壬子、庚子。

## 第五十一訣：婚姻擇吉訣（八字擇吉訣之四）

1. 合婚擇吉，是以男女兩位當事人的八字及雙方父母親的出生年為主要參考資料，以選擇大吉的納徵日（可視為現代的訂婚日）、安床日、嫁娶日（及出門迎娶時間、入門祭祖時間）。嫁娶日忌沖犯雙方當事人及父母，也不可與納徵日、安床日相沖。

2. 正五行合婚擇吉要點：
   - 女命用神為主，日主身旺，順生食傷生財的日課為最佳（主旺丁旺財）。
   - 合婚日課基本的要求是「清純」。其中尤其要注意陰陽的配合及五行的相生有情。
   - 合婚日課的日支，不可與乾坤二造的出生年支刑沖。
   - 合婚日課的日支，不可與乾坤二造的父母出生年支刑沖。

- 日課能合得成格局者為佳（如天干五合、地支三合及六合）。
- 日課能生旺日柱及時柱者為佳（所謂開花結果也）。

3. 正五行合婚擇日，必須是既對事又對人的。對人，就是補足女當事人命理的五行用神的不足。對事者，如安床、采轎（車頭）方向、入門祭祖等，涉及到風水中坐山與日課配合的問題，可參考第四十八訣的論扶山部份。

4. 正五行合婚擇吉，須在「婚課紅紙」上填入以下項目：
- 乾坤二造（龍圖、鳳局）
- 乾造父母生年（主婚）
- 坤造父母生年（主婚）
- 乾坤二造的用神、忌神
- 忌刑沖之地支
- 納徵日課
- 安床日課（配床坐向方位）
- 親迎日課（配入門祭祖坐向方位）
- 婚課吉期之詳細解說

**命例：**

1. 旺丁旺財日課：日主旺，順生食傷生財，主旺丁旺財的合婚日課。
- 乾造：癸卯、甲子、辛亥、己丑

- 坤造：乙巳、癸未、丙寅、辛卯
- 合婚日課：己卯、壬申、辛丑、丁酉
  女命日主丙火極旺，用神為濕土、金及水等。故合婚日課日主辛金為其用神。結婚後半年懷孕，一年多後得一健康男孩。

2. 旺丁旺財日課：日主旺，順生食傷生財，主旺丁旺財的合婚日課。
   - 乾造：甲寅、庚午、乙未、甲申
   - 坤造：乙卯、丁亥、甲子、壬申
   - 合婚日課：己卯、丙寅、甲辰、辛未
     合婚日課日主甲木得令，又得地支寅卯辰三會成木局，木極旺，順生旺火（丙火坐寅木得令、且得旺根），極旺丁的日課。結婚後一年內順利得子。

3. 旺丁旺財日課：日主旺，順生食傷生財，主旺丁旺財的合婚日課。
   - 乾造：壬子、壬寅、乙酉、庚辰
   - 坤造：乙卯、己丑、己巳、乙丑
   - 合婚日課：庚辰、乙酉、辛巳、癸巳
     合婚日課日主辛金得令，又得地支辰酉六合金局、及酉巳半三合金局，金極旺，順生旺水（癸水得令），極旺丁的日課。加上辛金為坤造的用神，大吉。男方三代單傳，結婚後一年內喜得麟兒。

4. 衰絕日課例：
- 乾造：癸丑、癸亥、庚戌、丙戌
- 坤造：癸丑、乙丑、丙辰、戊子
- 合婚日課：乙亥、丁亥、庚午、辛巳
  合婚日課日主極弱，不得令及生助極少。剋洩交加，子息難得及有災，主凶。結婚後，夫婦一直沒有子女，即使懷孕，亦小產，保不住胎。

5. 旺極日課例：
- 乾造：庚戌、辛巳、壬寅、甲辰
- 坤造：辛亥、乙未、己未、己丑
- 合婚日課：丁丑、癸丑、戊寅、戊午
  合婚日課日主得令，比劫重重，無剋無洩。主子息無望，所以主凶。結婚後，夫婦一直沒有子女，非常煩惱。

6. 反骨日課例：
- 乾造：壬辰、戊申、癸丑、乙卯
- 坤造：丁酉、癸卯、丁未、壬寅
- 合婚日課：庚申、戊寅、丙寅、甲午
  合婚日課四柱獨陽無陰。日課的日柱與年柱天剋地沖，並且日干比年干為旺者，是謂反骨日課。結婚後，女方得了婦科病及小產等。

第十章：宜室宜家

# 第十章：宜室宜家

## 第五十二訣：花月佳期訣（婚姻生活訣之一）

1. 大運流年與原命四柱有合（包括六合、三合、五合、半三合），同時合入配偶星。

2. 歲運與日柱天地合，或日支有合。

3. 歲運與四柱中任何一柱，出現天地合，合入異性星。

4. 有些命局完全不見配偶星，不一定代表沒有姻緣，可以看夫妻宮的合象和用神在適婚年齡的出現來論姻緣。

5. 至於論婚期方面，八字命理是可以預測適婚年齡期間的所謂姻緣運。但這並不代表一定可以成婚，只能夠說是較有良機，較有可能成婚。姻緣仍須我們能掌握時「運」去付諸行動，畢竟婚姻最主要還是成之於「人」。如此後天人為因素配合了先天八字因素，因緣和合，方可完成婚姻大事。

**命例：**

1.　孫中山先生（有二妻一妾，第一任盧慕貞
　　1884年與孫中山結婚、1915年離婚；第二
　　位任妻子宋慶齡1915年結婚，還有一妾陳
　　粹芬。而孫文一生有一子兩女，長子孫科、
　　長女孫延、次女孫婉，三人同是盧慕貞所
　　生）：丙寅、己亥、辛卯、庚寅。宋慶齡
　　（1893年1月27日亥時，於大運辛亥，流年
　　乙卯，與孫中山先生結婚）：壬辰、癸丑、
　　甲子、乙亥。

2.　鍾楚紅（於大運乙亥，流年辛未，結婚）：
　　庚子、戊寅、甲戌、丙寅。（《八字心悟》第
　　211頁）

3.　木村拓哉（於癸丑大運、庚辰年奉子成婚）：
　　壬子、辛亥、戊申、??。工藤靜香（於丁丑
　　大運、庚辰年奉子成婚）：庚戌、庚辰、甲
　　子、??。

4.　田亮（於大運已巳，流年丁亥之11日29日
　　迎娶內地演藝人葉一茜，被傳為奉子成
　　婚）：己未、壬申、丙寅、??。

## 第五十三訣：色事訣（婚姻生活訣之二）

1. 八字從食傷看性慾及性能力，因為食傷主人慾望，而人之大慾，莫過於男歡女愛，所以食傷亦象徵人體的生殖器官。食傷旺者，性慾強，性能力好。

2. 冬天出生，四柱水旺欠火，火即命門之火，指腎陽，為腎陽虛症，陽虛為畏寒，手足清冷，易患腎機能衰弱之病。

3. 夏大出生，四柱癸水弱，逢旺火歲運，腎水不足，易患腎機能衰弱之病。

4. 男命若夫妻宮逢合則性能力衰、逢沖則性能力強。

**命例：**

1. 鍾欣桐（阿嬌鍾欣桐生於1981年1月21日出生。食傷旺者，性慾強，性能力好。另外、傷官為忌：擇夫不謹慎，重奢華虛榮；不受世俗禮法約束；時常愚蠢地講大話）：庚申、己丑、己亥、??。

2. 李麗珍（食傷旺者，性慾強，性能力好）：乙巳、己丑、丁卯、??。

3. 郭富城（男命若夫妻宮逢合則性能力衰、逢沖則性能力強）：乙巳、丙戌、甲辰、??。

4. 章子怡（食傷旺者，性慾強，性能力好）：己未、丙寅、丁未、??。

5. 乾造（男命若夫妻宮逢合則性能力衰、逢沖則性能力強。此命局丑土食傷逢酉金半合洩氣，又逢子水合，而形成有陽萎之隱患）：甲寅、癸酉、丁丑、庚子。

## 第五十四訣：奉子成婚訣（婚姻生活訣之三）

1. 色事在十神中為食神、傷官。故食神、傷官對於女命，固有子女之象；其對於男命，亦可引伸有子女之象。女命的配偶星在十神中為正官、七殺；男命的配偶星在十神中為正財、偏財。凡女命在大運流年，為食傷引動正官七殺的結婚，則是奉子成婚。另外、凡男命在大運流年，為食傷引動正財偏財的結婚，都是奉了成婚。

## 命例：

1. 徐子琪（於大運己酉、流年丙戌，奉子成婚）：壬戌、辛亥、丙辰、乙未。

2. 伏明霞（中國跳水皇后伏明霞，於2002年中，與香港財長梁錦松奉子成婚，並於2003年產下一女。當時伏明霞大運為丁巳、流年壬申。壬丁合為食傷引動正官七殺的結婚，即是奉子成婚）：戊午、庚申、庚戌、甲申。

3. 木村拓哉（於癸丑大運、庚辰年奉子成婚）：壬子、辛亥、戊申、??。

4. 工藤靜香（於丁丑大運、庚辰年奉子成婚）：庚戌、庚辰、甲子、??。

5. 田亮（於大運己巳，流年丁亥之11日29日迎娶內地演藝人葉一茜，被傳為奉子成婚）：己未、壬申、丙寅、??。

## 第五十五訣：生男生女訣（婚姻生活訣之四）

1. 食傷見財，生子。
2. 食傷旺生子、食傷弱生女。
3. 天干為男、地支為女。

## 命例：

1. 工藤靜香（於丁丑大運、庚辰年奉子成婚。大運丁丑、長女生於2001年（辛巳年）、二女生於2003年（癸未年））：庚戌、庚辰、甲子、??。

2. 戴安娜王妃：辛丑、甲午、乙未、丙子。（《八字心悟》第194頁）

3. 徐子琪（大運己酉、流年丁亥生一女）：壬戌、辛亥、丙辰、乙木。

4. 李嘉誠：戊辰、戊午、甲申、癸酉。（《八字心悟》第172頁）

第十一章：流年大運

# 第十一章：流年大運

## 第五十六訣：流年總訣（大運流年訣之一）

1. 批流年的目的，是要預測大運與流年干支對原命局干支『賓主體用作功』所產生的影響。

2. 命局好比一輛汽車，不同的命局，就是不同類型不同性能的汽車。大運好比一段已預先編定的路程，不同的大運就是不同素質不同狀況的路程。流年好比風霜雨雪、燥濕寒暑等天氣變化。流月則是各種天氣變化的波浪曲線。道路本身的素質和狀況（大運），固然能影響汽車（命局）前進的快慢順阻，但天氣變化〔流年、流月〕，則更直接地影響路面狀況（大運）和汽車（命局）前進的速度。

3. 批流年時，必須首先將流年和大運的干支組合起來作比較分析沒有合沖刑現象，然後再加入命局，從流年和大運的干支，對命局的『賓主體用作功』的影響，作出分析判斷。

4. 原命局干支『賓主體用作功』可以被想像為一靜態的平衡系統，如果是五行中和或流通、或功用神有效作功，皆屬於穩定的平衡系統，其它的則屬於不穩定的平衡系統。當原命局系統受到大運或流年的干支生剋

及會合沖刑害時，便能生動。在天干看合為主，在地支則看沖為主，而吉凶則主要看原命局干支『賓主體用作功』的平衡系統有沒有被打破或改善。

5. 天干主外，主動，主表象；地支主內景，主靜，主根基。所以天干主事情的外象，是外露給別人看到的知道的事，如流年或大運天干為「財星合日主或比劫」，主進財並為別人所知，所以也容易被劫（所謂被劫是指因他人或他事而失去屬於自己的東西）。如流年或大運為「地支進財」，則深藏而不易為人所知，故不容易被劫。如流年或大運天干為官星合日主，或官星合「賓主體用」中代表着主體的干支，則為官顯達，事業可望有升遷之象。

6. 大運或流年所發生的事的最終吉凶，仍須看流年和大運的干支對命局的『賓主體用作功』的影響的喜忌來決定。

7. 就性格而言，流年的影響力大、大運的影響力小。流年對性情的影響力，以十神性格的影響力最大（逢食傷年快樂、逢七殺年憂愁、逢印年清心寡慾、逢財年慾望多、逢比劫年熱忱廣交、逢正印年孤獨自閉）、干支五行性格的影響力次之、神煞性格的影響再力次之。

**命例：**

1. 漢初三傑之韓信之命造（八字以木火為
『體』，金為『用』。弱火剋金為有效作功，
惜金多火熄，效率偏低。逢甲午木火大運，
火剋金有效作功效率提高，得蕭何引薦而
登壇拜將、封王，權高勢大。癸巳運癸水
剋丁火、巳酉逢合，火全受制，完全破壞
命局火剋金之作功，故被呂后斬首，三族
被夷，英年早逝）：辛酉、丁酉、乙卯、乙
酉。

2. 胡耀邦（水木火三行成象，用神：水、木、
火。八字以水木為『體』，火為『用』，以丙
丁火貼身化洩乙木，有效作功，凡歲運火
旺，效率更高。最忌土、金洩去火力而破
壞此以火洩旺木之作功。故於1989年辛巳
運己巳年，被辛合去丙火、己洩丁火而病
逝）：乙卯、丁亥、乙卯、丙子。

3. 清光緒戊戌變法成員譚嗣同之命造（八字
以土火為『體』，木為『用』，以巳火流通木
土為有效作功，惜遇卯木貼身剋己土日主，
故作功效率低。故火運加強作功效率，故
能顯達，所以大運丁丑、丙子，殺印相生，
故有武貴之徵。34歲入乙亥運，土衰遇
木，加上巳火逢亥之沖，破壞巳火流通木
土之作功，故於流年戊戌因戊戌變法失敗，

並於己亥年被朝廷誅殺，遭殺生之禍）：乙
丑、己卯、己卯、己巳。

4. 貴命（八字以火土為『體』，水木為『用』。
日柱戊寅，七殺剋日主直接作功，得月柱
丙午轉化，火印洩官殺生身，化七殺為我
所用，故是當官之命。可惜時柱乙卯中之
乙木貼身剋日主無制為忌。己酉運酉沖卯，
剋制乙卯忌神，開始升官；庚戌運得庚乙
合、卯戌合，官運亨通；辛亥運遇丙辛合
而壞印，亥卯又半三合，官旺剋身無制，
此運故拋了官）：壬寅、丙午、戊寅、乙卯。

## 第五十七訣：流年財運訣（大運流年訣之二）

1. 測財運時：官殺為耗財，印星為耗財為投
資事情，財星為錢財，食傷為財源，比劫
為破財。

2. 凡命局財干被流年天干所剋，或財支被流
年地支所沖，皆影響於財；天剋地沖者尤
為重要。

**命例：**

1. 乾造（測財運時，比劫為破財。命局財干
被流年天干所剋，或財支被流年地支所沖，
皆影響於財；天剋地沖者尤為重要。於甲
寅運、甲戌年、戊辰月，破財千萬元）：戊
戌、丁巳、甲辰、庚午。

2. 乾造（測財運時，財星為錢財。如流年或大運天干為財星，主進財並為別人所知，所以也容易被劫。於大運甲戌、流年甲戌，與日柱庚辰天剋地沖，於戊辰月破財數十萬）：己亥、壬申、庚辰、丙戌。

3. 坤造（大運逢比劫，再逢財年，則不利財。大運己未、流年壬申，破財萬，幾乎無以為生）：癸卯、丙辰、己丑、乙丑。

4. 乾造（測財運時，財星為錢財，食傷為財源。八字以水木火為『體』，土為『用』，以丁生旺丑土、及巳丑拱合生旺丑土之『食傷生財』有效作功。於30歲後大運丙午、丁未之『食傷生財』之作功效率增高，因從事食品加工，發才致富）：壬寅、癸卯、乙巳、丁丑。

## 第五十八訣：流年成名訣（大運流年訣之三）

1. 測名運時：官殺為壓力，印星為憂愁煩悶，財星為錢財名譽，食傷為名譽，比劫為幫手為助力。

## 命例：

1. 李嘉誠（官殺主貴，即官位。食傷主名，即名譽。李嘉誠曾多次獲得殊榮，且看大致紀錄如下：一九八一年三月，李嘉誠獲得

由香港電台及萬國寶通銀行聯合舉辦的「風雲人物」選舉，被膺選為當年風雲人物。是年為辛酉年，是為正官年，主地位。同年五月，他獲任香港太平紳士。是年為辛酉年，是為正官年，主地位。一九八六年三月，獲比利時國王賜封為：Commander in the Order of the Crown。是年丙寅年，丙火為傷官，主名。一九八九年四月，獲英女皇頒授CBE勳銜，是年為己巳，巳火為傷官，主名。一九八九年六月，獲加拿大卡加里大學頒授榮譽法學博士學位，是年為己巳，巳火為傷官，主名。一九九零年，獲DHL及南華早報的商業成就獎。是年為庚午，庚金為七殺主貴。一九九零年二月七日，獲汕頭市人民政府授予「汕頭市榮譽市民」。是年為庚午年，夏季火旺即食傷旺，主名。一九九二年四月，獲北京大學頒授名譽博士學位。是年壬申年，申金為七殺，主貴。二零零一年獲至高殊榮（大紫荊勳章），無巧不成話，亦是在巳年，主名。二零零六年一月一日，香港最高學府『香港大學醫學院』百年基業因獲李嘉誠區區10億港元捐贈而遭重新命名為『香港大學李嘉誠醫學院』一劫，李嘉誠之名字從此便凌駕在香港大學這百年老字號之

上了，是年為乙酉年，是李嘉誠之正官年，主貴）：戊辰、戊午、甲申、癸酉。

2. 郭富城（測名運時：財星為錢財名譽，食傷為名譽，比劫為幫手為助力。八字以水木火為『體』，土為『用』，以丙火巳火生旺戌土財星『食傷生財』有效作功。命造因有食傷貼身洩秀有力且為用神，自然好交友，好人緣，一生多愛戴者了，加上23歲後30年火運，增強『食傷生財』的作功效率，故可以在歌壇成名，事業且能持繼）：乙巳、丙戌、甲辰、甲子。

3. 梅豔芳（測名運時：官殺為壓力，印星為憂愁煩悶，財星為錢財名譽，食傷為名譽，比劫為幫手為助力。丙火身弱，卯戌逢合不生火，財官無制，命局作功效率低，故失運時定主厄困。20歲剛入甲木運，木為印星能洩官殺並生旺日主，為有效作功，大紅大紫。故82年新秀歌唱大賽憑『風的秀節』脫穎而出，風為巽卦，亦有木之象。是年流壬戌，戌為食傷主名）：癸卯、壬戌、丙戌、丁酉。

4. 伏明霞（伏明霞是於己未大運中成名。在1992年，流年壬申，食傷旺極，故於巴塞隆拿奧運會上奪得10米跳台冠軍時只有14歲，是奧運史上最年輕的冠軍，隨後她的照片被登在美國《時代周刊》的封面上，這

也創下了中國運動員之先河。此前一年，流年辛未，比劫對名譽來説為助力，她還贏得了第六屆世界錦標賽跳台桂冠，成為最年輕的世界冠軍並被載入《吉尼斯世界紀錄大全》。1996年，流年丙戌，官主貴，在阿特蘭大奧運會上，她奪得台板雙料冠軍，成為繼高敏奪得漢城和巴塞隆拿奧運會3米板冠軍之後，蟬聯跳水冠軍的第二人，這也是一個世界紀錄。伏明霞在八運會後退役，1999年複出，2000年3月初，流年庚辰，辰為水庫，進入了國家集訓隊。複出後的她成績穩步上升，在4月中旬進行的第四站選拔賽上，伏明霞已經鞏固了自己的地位。9月第三次出征奧運會，結果獲得3米跳板單人金牌並與郭晶晶配合奪得3米跳板雙人銀牌）：戊午、庚申、庚戌、甲申。

5. 中國100米跨欄王劉翔（休咎繫乎運，尤繫乎歲。乙亥未暗三合化木，木旺宜洩，火為用神。木主筋絡，化洩得宜則強健；反之則主傷患。大運丁巳火旺，2002年流年壬午，火旺洩木得宜，於亞運會100米跨欄奪金，初露頭角；2004年流年甲申，甲木生旺丁火，故於雅典奧運會奪金，並破奧運紀錄，但因申巳合羈伴時支用神，時支為腳，亦種下跟踵受傷之後患。2005

年起進入丙辰大運，2006流年丙戌，丙火勢不可擋，於國際田聯大賽瑞士洛桑站刷新世界紀錄；2007年為丁亥年，丙火丁火並臨，於世界田徑錦標勇奪世界冠軍，集奧運冠軍、世界冠軍、世界紀錄保持者於一身，惟是年亦是時支巳火逢亥水之沖，時柱為腳，於是年年底跟蹤傷患加重，後患無窮。2008年戊子年，子水打開辰土水庫，流年不利丙火之勢，故是年在國際田聯大賽紐約站因傷退賽、並於2008年北京奧運會負傷離場，令一眾擁護者傷心震驚。劉翔於2010年將進入丙辰大運中的辰運部份，火力將會減弱，加上2012年流年壬辰，歲運不就，他本人雖決心要在下次奧運會東山再起，這又談何容易呢？不論未來如何，劉翔永遠是中國100米跨欄王第一人，他的奮鬥不懈之精神，值得年青人學習）：癸亥、己未、壬寅、乙巳。

## 第五十九訣：流年事業運訣（大運流年訣之四）

1. 測官運時：官殺為官職，印星為權力，財星為官的根基，食傷為阻滯為理想，比劫為阻滯為競爭。

**命例：**

1. 董建華（八字以木火土為『體』，水為『用』。日柱丙辰，辰為水庫，水為官星，時支亥水入辰土發揮了有效的『墓用』的順方向做功，故能於1997年，大運己亥、流年丁丑，成為香港特別行政區第一任特首。於2005年，大運戊戌，流年乙酉辭官）：丁丑、乙巳、丙辰、己亥。

2. 陳方安生（八字以火土為『體』，木為『用』。日柱己未，己土不作功，命局以地支未土為主。以地支未土對年支卯木、時支寅木發揮『墓用』正向做功，寅卯木官星入墓有效地受制，故為高官之命。於2001年，大運癸未，流年辛巳辭官。並於2007年，大運甲申，流年丁亥，成功進入立法會）：己卯、丁丑、己未、丙寅。

3. 曾蔭權（申癸辰暗三合化水為是木印星，加上年干及日主甲木為體，全局以月支酉金生旺印星癸水、得令的辛金有效率地剋制日干甲木為有功，故辛酉金為命局功神，主貴氣，故能官至香港特別行政區首長。在2001年，大運己卯、流年辛巳，接替陳方安生出任政務司司長。於2005年3月，時任特首董建華以「健康理由」辭職，曾蔭權遂在同年5月宣佈參加行政長官補選，並在同年6月正式成為第二任行政長官，

大運庚辰，流年乙酉。在2007年3月，大運庚辰，流年丁亥，曾蔭權第二次當選特首，任期將延至2012年屆滿。於2012年，大運庚辰，流年壬辰，官印極強，或能如董建華般晉身為國家領導人級也未可知）：甲申、癸酉、甲辰、辛未。

4. 乾造（大運壬辰、逢癸酉年，酉金沖卯木官星，加上壬水合剋丁印，官印俱傷，是年辭職）：辛卯、丁酉、戊午、壬子。

5. 乾造（大運丁丑、逢戊辰年，戊合剋癸水官星，是年丟官）：乙亥、癸未、丙戌、甲午。

## 第六十訣：流年愛情訣（大運流年訣之五）

1. 測婚姻運時：官殺為丈夫為情人，印星為助力，財星為官的根基，食傷為好勝傷感情，比劫為是非波折（女命）。又官殺為困難，印星為憂愁煩悶，財星為妻為情人，食傷為助力，比劫為是非波折（男命）。

2. 日支為夫妻宮，大運流年干支對日支沖、刑、化、合等都會影響感情及夫妻關係。

3. 男命：八字日主太強，加上大運流年若不利於財星，感情易生波折及夫妻不睦。八字日主太弱，剋不住財，有懼內之象，再逢財旺之年，則留不住妻。

4. 女命：八字日主太強，加上大運流年若不利於官星，感情易生波折及夫不願親近。八字日主太弱，官殺剋身，受夫欺凌，再逢官旺之年，則留不住官。

5. 夫（妻）宮合局來剋身，有夫（妻）難留。

6. 總括來説，八字財官與日主平衡度差，若大運加重其失衡狀態，只要流年助紂為虐成導火線，便走向分離之路。有時八字嚴重失衡，根本不需流年催化也照樣離婚。

## 命例：

1. 坤造：（日支為夫妻宮，大運流年干支對日支沖、刑、化、合等都會影響感情及夫妻關係。1965年9月21日巳時。弱土命，命中官殺為忌，夫妻宮逢刑、夫妻經常動粗。1992年壬申年，夫妻宮三刑，加上流年與日柱天剋地沖，是反吟凶象，是年於申請離婚過程中，夫自殺亡）：乙巳、乙酉、戊寅、丁巳。（《八字心悟》第212頁）

2. 坤造：（日支為夫妻宮，大運流年干支對日支沖、刑、化、合等都會影響感情及夫妻關係。1997年，夫妻宮逢刑、夫妻經常生磨擦。1997年丁丑年，夫妻宮三刑，加上流年與日柱天剋地沖，是反吟凶象，是年離婚）：己亥、甲戌、癸未、庚申。

3.  坤造（八字日主太弱，官殺剋身，受夫欺凌，再逢官旺之年，則留不住官。八字日主太弱，官殺剋身，丙午運尚可別官；乙運助身，尚能維持一定的平衡；巳運與酉丑地支合金，官殺成局，留不住官，只好離婚）：壬午、己酉、乙丑、戊寅。

4.  乾造（測婚姻運時，比劫為是非波折（男命）。逢乙丑年，離妻再取）：丁亥、癸丑、甲辰、甲戌。

5.  坤造（夫宮合局來剋身，有夫難留。逢乙丑年，離妻再取。大運辛酉，二十三歲庚午年結婚、二十五歲壬申年離婚）：戊申、甲子、丙辰、丁酉。


## 第六十一訣：流年六親訣（大運流年訣之六）

1.  化表六親的十神臨墓地，防六親有難厄。

2.  合會多凶險，若某十神被合會，易生劇變。

3.  以年、月、日、時柱之地支，配以父母、兄弟、妻（夫）、子女四大至親。逢大運流年之合、沖、刑，則相關六親不安，輕則生病，重則一場大劫。

命例：

1.  人中鳳凰宋慶齡（化表六親的十神臨墓地，防六親有難厄。命局中官星只藏於丑土墓庫，夫有難厄之象。**1925年，流年乙丑，大運庚戌，丑丑戌『三刑』故官星受損，加上庚金遭乙合制，俱為凶象，故孫中山先生於1925年逝世**）：壬辰、癸丑、甲子、乙亥。

2.  張學良（**合會多凶險，若某十神被合會，易生劇變**。張學良生於1901年6月4日。其父為**東北軍閥**張作霖，1928年6月被蔣介石北伐軍擊敗，自北京退瀋陽，隨後張作霖遭到日本政府特使要求東北獨立，張拒絕該要求，於6月4日在皇姑屯被日本關東軍預埋炸藥炸死。張學良命局巳火被丑土合，則父星易有變化，有變質的危險，或多病、或有災。1928年其流年為戊辰年、流月癸巳，大運辛卯，子辰一片旺水無制，加上巳辛丑為暗三合，剋死巳火財星）：辛丑、癸巳、壬子、庚子。

3.  坤造（**化表六親的十神臨墓地，防六親有難厄。命局中只有巳火中暗藏一點庚金為父星，難抵命中一片旺火，四歲大運丁巳，火旺極，流年辛丑，辛金父星出現天干遭丙火合及丁火剋，加上自坐丑庫，丑土又刑入父母宮，是年父去世**）：戊戌、戊午、丙寅、癸巳。

4.  乾造（**化表六親的十神臨墓地，防六親有難厄。丁火財星暗藏落於未土墓庫中、丙火財星暗藏於寅木中，丁丑年、大運甲申，丁火出現天干（墓藏者怕露天干），加上丑再沖未，申又沖寅，妻遇厄**）：乙未、己丑、癸酉、甲寅。

5.  乾造（年支為父宮，逢大運流年之合、沖、刑，則父不安，輕則生病，重則一場大劫。甲木以土為財星，乙卯年、大運乙卯，歲運並臨，卯戌合，戌財化成食傷局，父緣盡）：戊戌、丁巳、甲辰、庚午。

第十二章：居安思危

## 第十二章：居安思危

### 第六十二訣：反吟復吟訣（劫難速斷訣之一）

1. 伏吟即天干地支完全相同，返吟即干支天剋地沖。

2. 基本上返吟比伏吟災重。

3. 日柱為主位（我），年柱、月柱、時柱為賓位，故日柱犯返吟災重，年柱、月柱、時柱犯為返吟輕。尤其錢財、健康、事業、家庭各方面之破損。

4. 本人小時候若大運或流年與年柱犯返吟，小時候注意厄難；本人青年時候若大運或流年與月柱犯返吟，青年時有災；本人中年時候若大運或流年與日柱犯返吟，中年剋配偶或本人有災；本人晚年時候若大運或流年與時柱犯返吟，晚年剋子息或本人晚年有災。不過，還要看是否破壞原有命局中功用神的作功，以斷其休咎。

5. 大運或流年與四柱若犯返吟或伏吟，亦可視其中其麼十神受衝擊或影響，是否破壞原有命局中功用神的作功，及觀其所代表的事象，以斷其休咎。

6. 大運或流年若犯返吟，即名歲運沖剋，主動盪不安，不為吉兆。大運或流年若犯伏吟，即名歲運併臨，顯示出歲運對本命有太激烈的影響，若是破壞原有命局中功用

神的作功，必有災難，尤其是錢財、健康之凶危。

7. 若原有命局四柱已自行反吟、伏吟，本身八字已不隱定，不易安寧，若再遇大運或流年犯返吟或伏吟，尤應注意，易有災難。

命例：

1. **蔣介石次子蔣緯國命造（大運或流年與四柱若犯返吟或伏吟，亦可視其中其麼十神受衝擊或影響，是否破壞原有命局中功用神的作功，及觀其所代表的事象，以斷其休咎。1916年10月6日出生。命局天干三火得甲木生，加上時支午火為體，火極旺為忌。幸得酉金月令生旺功用神子水沖剋時支午火作功有效為用。1990年，流年庚午與日柱反吟，破壞子水沖剋時支午火的有效作功，不吉。是年國民大會選舉中華民國總統時，曾經有國大代表滕傑等人提議林洋港選總統、蔣緯國選副總統方式參選，但最後林洋港與蔣緯國都未參選總統與副總統，而由李登輝與李元簇當選中華民國總統副總統）：丙辰、丁酉、丙子、甲午。**

2. **曹錕（大運或流年若犯返吟，即名歲運沖剋，主動盪不安，不為吉兆。是中華民國初年直系軍閥的首領，曾靠賄選而被選舉**

為第三任中華民國大總統。**1924年，流年甲子，大運戊午，歲運沖剋。加以三子沖一午，午為官星，該年被囚，斷送政治生命**）：壬戌、壬子、庚子、丙子。

3. 胡漢民（**大運或流年若犯返吟，即名歲運沖剋，主動盪不安，不為吉兆。**蔣介石和胡漢民曾經都是孫中山的得力愛將，曾一武一文輔佐孫中山。胡漢民在追隨中山先生的過程中，始終得到中山先生的信任與高度評價，雖無宰相之名，卻有其實。孫中山曾對人説：『余與漢民論事，往往多所爭持，然余從漢民者十之八九，漢民必須從余者十之一二。』還説廣東難得其人，即他省亦所罕見也。……述其平生之大力量、大才幹，不獨可勝都督之任，即位以總統，亦綽綽有餘。五十八歲，大運庚午，流年丙子，歲運沖剋，加上月柱流年伏吟，與大運反吟，形成三連環，突發腦溢血死亡）：己卯、丙子、丙寅、丁酉。

4. 坤造（**若原有命局四柱已自行反吟、伏吟，本身八字已不穩定，不易安寧，若再遇大運或流年犯返吟或伏吟，尤應注意，易有災難。七歲癸亥年，肺結諸亡**）：丁巳、癸卯、癸亥、丁巳。

5. 男命（**日柱為主位（我），年柱、月柱、時柱為賓位，故日柱犯返吟災重，年柱、月柱、時柱犯為返吟輕。尤其錢財、健康、事業、家庭各方面之破損。**1965年4月30日巳時。此造原局有申巳刑，34歲流年戊寅，大運亦為戊寅，歲運並臨，與日柱天剋地沖，加上寅巳申三刑，是年被車撞成重傷，大耗破財）：乙巳、辛巳、甲申、己巳。

## 第六十三訣：天羅地網訣（劫難速斷訣之二）

1. 辰、戌名為天羅地網，若辰戌沖或辰戌多見，必犯刑名，易生牢獄之災。
2. 三辰沖一戌、三戌沖一辰，禍害不淺。

**命例：**

1. 黃興（三辰沖一戌、三戌沖一辰，禍害不淺。黃興因在推翻滿清封建帝制、進行民主革命的鬥爭中所作出的傑出貢獻，而被譽為辛亥革命的實際領袖和中華民國第二開國元勳，大學者章太炎撰有一挽聯，我們從中可以知道黃興的偉大：『無公則無民國；有史必有斯人』。黃興於四十三歲丙辰年（1916年10月31日），逝世於上海，其時大運為戊寅，三戌沖一辰，加上土木大戰，溘然長逝）：甲戌、甲戌、甲寅、甲戌。

2. 楊宇霆（三辰沖一戌、三戌沖一辰，禍害不淺。北洋軍閥執政時期張作霖之『奉系軍閥』首領之一。歷任奉軍參謀長、東北陸軍訓練總監、東三省兵工廠總辦，奉軍第三和第四軍團司令，江蘇軍務督辦。張作霖在皇姑屯被炸死後，楊宇霆欲奪取東北軍政大權，東北易幟典禮當天拒不參加集體留影。1929年1月10日，流年戊辰，楊宇霆大運庚辰，三辰沖一戌，禍害不淺。楊向張學良提出成立東北鐵路督辦公署的要求，張學良推說晚餐再說，後召警務處長高紀毅進府，晚上楊宇霆與黑龍江省省長常蔭槐被高紀毅、譚海率領六名衛士槍斃於「老虎廳」，奉天稱此事件為「楊常而去」）：乙酉、甲申、丙辰、戊戌。

3. 乾造（三辰沖一戌、三戌沖一辰，禍害不淺。四重偏財，貪財好色。流年甲戌，三辰沖戌，加上大運辛未，辛合住通關之丙火。是年為爭風呷醋，打傷人以致自己被判入獄）：甲辰、戊辰、甲辰、丙寅。

4. 乾造（三辰沖一戌、三戌沖一辰，禍害不淺。命局僅以卯木為功用神，惜卯木太孤，故對命局作功效率低，貧賤之命。三十一歲庚辰年（大運甲申），與月柱、日柱復吟，再加上三辰沖一戌，太太出走，自己得了精神病）：庚戌、庚辰、庚辰、己卯。

## 第六十四訣：神煞劫難訣（劫難速斷訣之三）

1. 神煞是指：四正（桃花）、四長生（驛馬）、四墓庫（華蓋）。

2. 四驛馬齊全，事業、官祿易受阻，因『嗔』或爭執而遭殃；四桃花齊全，防色情、身體等之劫難，因『痴』或縱情而受困擾；四墓庫齊全，防家宅、錢財、凶災之厄害，因『貪』而遭不幸。

**命例：**

1. 戴安娜王妃（**四桃花齊全，防色情、身體等之劫難，因『痴』或縱情而受困擾。**戴安娜之次子哈利王子生於1984年9月15日，由於戴安娜王妃在英國廣播公司的《新聞廣角鏡（Panorama）》節目中承認曾與騎兵少校詹姆士休伊特(James Hewitt)偷情，因此有傳言哈利王子的生父並非威爾斯親王。1983年為癸亥年，時值戴安娜王妃大運丁酉，**四桃花可算齊全**）：辛丑、甲午、乙未、丙子。（《八字心悟》第194頁）

2. 清朝第一大貪官和珅（四桃花齊全，防色情、身體等之劫難，**因『痴』或縱情而受困擾。**天干庚乙爭合，羊刃成格、地支子午沖，又全局火金、水火俱戰，是為戰局。又命中缺木，木主仁，無木則無仁。木為印，命中無印，沒有父母長輩觀念，為大

人物者賣國求榮，為常人或小人物者，不認父母，出賣兄弟朋友。大運戊子、己丑二十年，威權赫奕，為最盛之時。寅運無沖尚可維持，至辛卯運，四正地四沖全備，被賜死）：庚午、乙酉、庚子、壬午。（《八字心悟》第135頁）

3. 坤造（**四驛馬齊全，事業、官祿易受阻，因『嗔』或爭執而遭殃**。弱土命，官殺為忌，夫妻宮逢刑，夫妻經常動粗。於『亥』水大運，壬申流年，**四驛馬齊全，夫妻因爭執**申請離婚，過程中丈夫不憾打擊而自殺）：乙巳、乙酉、戊寅、丁巳。（《八字心悟》第212頁）

4. 乾造（**四墓庫齊全，防家宅、錢財、凶災之厄害，因『貪』而遭不幸。於大運丙辰，流年乙丑，四墓庫齊全，代表財星的妻子去世。**）：癸巳、己未、庚寅、丙戌。

5. 乾造（**四墓庫齊全，防家宅、錢財、凶災之厄害，因『貪』而遭不幸。於大運丁酉，流年辛未，四墓庫齊全，偏財丁火為壬水所合，四庫齊見，該年因財犯官非入獄**）：丙戌、壬辰、癸酉、癸丑。

## 第六十五訣：樞紐受制訣
## （劫難速斷訣之四：訣中訣）

1. 滴天髓云：「道有體用，不可以一端論也。」體用者，即命局機關樞紐之所在。

2. 有以日元為體，財官為用；有以先天格客為體，用神為用；有以全局氣勢為體，氣勢之順逆為用；有以陰陽為體，陰陽為用。由於八字千變萬化，剛柔、多寡、衰旺、強弱、流通、陰陽、水火、格局、氣勢等等，無非是體用二字而已。唯能善知八字之體用者，始能知曉命局機關樞紐之所在，以推斷其富貴窮通之大小。

**命例：**

1. 漢初三傑之韓信之命造（日主乙木身弱，七殺強旺為忌，以丁火能剋金為命局之樞紐。用神：木、火。故於甲午運得蕭何引薦而登壇拜將、封王，權高勢大。癸巳運癸水剋丁火，巳酉合加強金力剋木，故被呂后斬首，三族被夷，英年早逝）：辛酉、丁酉、乙卯、乙酉。

2. 專權國政，宋朝大奸臣賈似道（本屬假從格，可惜大運火、木之地，故不能從，只是身極弱之命造，忌見金水財官。身弱又不能從，偏財成格旺盛，一心想着財，貪財忘義。天干丙火無根，地支金水成局一

片陰寒，外陽內陰，為人極陰險奸邪。又命中缺木，木主仁，無木則無仁。大運戊午、丁巳、丙辰、乙卯、甲寅，木火大旺，扶搖直上；及至大運癸丑，流年乙亥，金水旺極，遭平民堅決要求而被處死）：癸酉、庚申、丙子、丙申。（《八字心悟》第133頁）

3. 乾造（戊土身弱，官殺重兼貼身攻剋，全憑得丙火印星生身、洩官殺為我所用，是當官之命，但印星仍化不了官星在時干貼身剋日主。己酉運酉卯沖，故酉運開始升官；庚戌運中，乙庚合、卯戌合絆住官，把官殺剋身的問題解決了，又升官；辛亥運中，丙辛合，壞印，加上亥卯合官旺剋身，此運不能當官了）：壬寅、丙午、戊寅、乙卯。

4. 袁世凱（1859年9月16日－1916年6月6日。木火土為體，金水為功用神，以己土剋制癸水七殺為有效作功，故七殺可為命局所用，有極級權力，故能逐鹿中原。而凡大運流年遇戊、己土或火助旺土者，有助命局制殺有功，必主官途順遂。故大運壬申、辛未，失意科場，22歲始棄文從軍，投奔嗣父的至交、淮軍將領吳長慶。午火運中，袁世凱指揮清軍擊退日軍，維繫清廷在朝鮮的宗主權及其他特權。1895年大

運己巳，得大學士李鴻章於舉薦負責督練新軍。這股軍隊後來發展成為北洋六鎮（北洋新軍），為清末陸軍主力。1898年戊戌政變前，帝黨人物曾寄望於袁的新軍，譚嗣同即曾面勸袁世凱出兵圍攻慈禧太后所居之頤和園。袁卻將這一消息告訴忠於慈禧太后的榮祿，結果戊戌變法失敗，皇帝失去政權並遭軟禁。1899年冬，因義和團在山東的排外行為引起各國不滿，清廷被迫撤換縱容拳民的山東巡撫毓賢，代之以袁世凱。這是袁世凱首次出任方面大員。1901年，進入戊辰大運，袁世凱因李鴻章去世而接任直隸總督、北洋大臣，成為疆臣首領。1907年調任軍機大臣，成為中樞重臣。袁世凱大力襄贊新政，包括廢科舉、督辦新軍、建學校、辦工業等，第一支中國警察隊伍亦於天津成立。辰運癸水旺盛無制，1908年光緒皇帝及慈禧太后相繼去世，溥儀繼位，醇親王載灃攝政。載灃因為反對袁世凱的很多新政措施，更因為戊戌政變一事（他認為袁世凱出賣維新派，致使光緒被慈禧太后幽禁至死），對袁世凱非常痛恨，成為攝政王後立即解除袁所有差事；袁知其勢不吉，稱疾返回河南，最初隱居於輝縣，後轉至安陽。袁在此期間韜光養晦，暗地裏仍關心政事，等

待時機復出。1911年進入乙卯大運，卯沖酉金月金，制癸水七殺有功，故1911年10月10日武昌起義，1911年11月1日清廷宣佈解散皇族內閣，任命袁世凱為內閣總理大臣。2月15日，南京參議院正式選舉袁世凱為臨時大總統。1915年，印星乙卯歲運並臨，袁世凱權力欲達致顛峰，改來年的中華民國五年（1916年）為中華帝國洪憲元年，並於1916年登基稱帝，總統府改為新華宮。袁氏盡失人心，帝制遭到廣泛反對，終致失敗，只得於1916年3月22日宣佈取消帝制帝號，稱帝僅83天。取消帝制帝號之餘，袁氏陷入眾叛親離的困境，欲續任大總統亦不可得，在心理的重大打擊及家族遺傳性糖尿病交煎之下，於6月6日病死）：己未、癸酉、丁巳、丁未。（《八字心悟》第135頁）

### 第六十六訣：凶物深藏訣（劫難速斷訣之五）

1. 滴天髓云：「吉神太露，起爭奪之風；凶物深藏，成養虎之患。」

2. 何謂「吉神太露，起爭奪之風」呢？局中所喜之神虛懸於天干者，歲運不遇忌神，不至爭奪，尚可為用；若歲運遇上忌神合之或沖剋之，是謂之起爭奪之風，最為不妙。

3. 何謂「凶物深藏，成養虎之患」呢？局中所忌之神伏藏於地支者，歲運扶之或沖開其墓庫，則為患不小，所以忌神須制化得所，始為吉造。


**命例：**

1. 乾造（凶物深藏，成養虎之患。大運木火，假專旺格得成，酉金深藏地支，又無卯木沖剋。戊辰、己巳兩運，因辰酉合及巳酉合，無法去酉，有災；庚午、辛未去酉金之命，壬申運金水齊來，大敗。此命是忌神深藏，故一生中多成多敗）：甲午、丙寅、丁酉、丙午。（**擇自《滴天髓徵義》**）

2. 乾造（凶物深藏，成養虎之患。**任鐵樵註日：「寅卯亥子運中，衣食頗豐，一交庚辰大運，七殺之元神透出，四子俱傷，破家不祿。」**此造甲木透出，通根寅祿，日元旺盛，本造水、木、火、土俱不為忌，能遇火通關護財，算得上是佳造，只可惜申

金凶物深藏而已）：甲申、甲戌、甲寅、甲戌。（**擇自《滴天髓徵義》**）

3. 乾造（吉神太露，起爭奪之風。**任鐵樵註曰**：「木太旺，以丁火為用，至巳運，丁火臨旺，名列宮牆。庚午、辛未兩運為截腳之金，雖有刑耗而無大患。壬申運金水齊來，刑妻剋子，破耗多端。」此實乃壬水合剋丁火用神之故）：甲辰、丁卯、甲子、戊辰。（**擇自《滴天髓徵義》**）

4. **鍾楚紅**（吉神太露，起爭奪之風。戊土財護七殺，本是護夫之命，惜癸酉大運合去戊土，其夫於丁亥年因腸癌病逝）：庚子、戊寅、甲戌、丙寅。（《八字心悟》第211頁）

## 第六十七訣：破格訣（劫難速斷訣之六）

1. 從弱：衰之極者不可益，弱極則從其它旺勢，相得益彰。

2. 專旺／從旺：旺之極者不可抑，不可洩。制之以盛，必大凶。便縱試順其流行，亦不為宜。

3. 若一旦遇着逆運或逆年破格，形成神枯，氣濁非常。

**命例：**

1. 鄧小平（日主極盡衰弱無依，正偏財及七殺強旺，形成從食財官格。頂極富貴命。用神：金、水、木。故能於1980年及1981年金的流年再度冒起，完全控制大局。忌神：火、土。故於1966、1967年火旺流年文革遭難。1989年己巳火土年對鄧小平極是不利。及後1992年金水年再度活躍，有南巡講話之行動，確立經濟新模式）：甲辰、壬申、戊子、甲寅。（《八字心悟》第114頁）

2. 陳方安生（時支寅木官星逆生時干丙火印星，逆生日干支及月支土，成土從旺格。主官貴、主權，故必為權貴中人，官至香港特區律政司。惜至金運洩氣，官運終止）：己卯、丁丑、己未、丙寅。（《八字心悟》第107頁）

3. 武將命（任鐵樵註曰：「炎上格，可順不可逆。初運乙未，護蔭有餘；丙運登科；申運大病危險；丁運發甲；酉運丁艱；戊戌己運仕途坦平；亥運犯其旺神，故死於軍前。」）：丙午、甲午、丙午、甲午。（擇自《滴天髓徵義》）

4. 擇自《滴天髓補註》之清朝名將駱秉章（任樂吾註曰：「丙辛化水，支全子亥辰丑，化氣成矣。」最忌木、火、土逆其旺水，亦忌酉金破丙辛之從化格（辛金得氣則不能從化），33歲起運走癸丑、壬子、辛亥，助水氣勢，勳名鼎盛，成就一代中興名臣。駱秉章於清乾隆五十八年（1793年）三月十八日出生於廣東省花縣炭步鎮華嶺村。道光十二年（1832年、壬辰年、大運壬子）始考取進士，道光二十年（1840年、庚子年、大運辛亥），受命稽察吏部銀庫，道光二十八年（1848年、戊申年、大運庚戌）任湖北按察使、道光三十年（1850年、庚戌年、大運庚戌）由貴州布政使升任湖南巡撫。咸豐二年（1852年、壬子年、大運庚戌）夏，太平軍入湖南，駱秉章率清兵死抵抗，並令用炮轟擊，其事未平，被革職留任。後以守長沙有功，太平軍圍攻八十餘日不能克。咸豐七年（1853年、癸丑年、大運庚戌）支持曾國藩辦團練，咸

豐十年（1861年、辛酉、大運己酉）任四川總督，鎮壓雲南藍朝鼎領導的起義勢力，解綿州之圍，殺四萬餘人。賞加太子省保衛。同治二年（1862年、壬戌年、大運己酉），駱秉章派重兵攏子守大渡河，斷石達開後路，石達開被圍於安順場，不忍全軍餓死，寫信給駱秉章，希望「宥我將士，請免誅戮」駱佯稱答應，後將石達開俘虜，被解成都處死。同治四年（1865年、乙丑年、大運己酉），有眼病，力疾視事。同治六年（1867年、丁卯年、大運戊申）被任命為協辦大學士、四川總督，不久舊病復發，死於任所）：癸丑、丙辰、辛亥、戊子。

5. 乾造（庚乙「夫從妻化」，合而化木。任鐵樵註曰：「火明木秀，為人風流瀟灑，學問淵深。巳運南宮報捷，名高翰宛；午運拱寅合卯，採梁棟於鄧林，是唯哲匠；至酉金得地，沖破東方秀氣，犯事落職。」酉金得地，庚乙從化格遭破壞，故難免遭殃）：丙辰、庚寅、乙卯、丁亥。（擇自《滴天髓徵義》）

第十三章：健康無價

## 第十三章：健康無價

### 第六十八訣：健康總訣（健康訣之一）

1. 天干配臟腑：甲為膽、乙為肝、丙為小腸、丁為心、戊為胃、己為脾、庚為大腸、辛為肺、壬為膀胱、癸為為腎。

2. 地支配臟腑：寅為膽、卯為肝、巳為小腸、午為心、辰戌為胃、丑未為脾、申為大腸、酉為肺、亥為膀胱、子為腎。

3. 四柱配身體：年干為頭或面、月柱為胸或背、日支為腹或腰、時支為腳。

4. 五行生病之預測：五臟生病，病源多在地支。六腑生病，病源多在天干。命局看病，大運流年（及季節）看發病時間。

5. 五行流通有情，一生少病。

6. 信佛修道，一生少病。

**命例：**

1. 佛學大師南懷瑾老師（信佛修道，一生少病）：戊午、乙卯、甲子、吉時。

2. 孫中山先生（甲為膽、乙為肝、寅為膽、卯為肝。五行木極旺盛，是中醫所說之「肝實症」，故較易病在肝。於1925年3月25日，時孫中山先生大運正值甲辰，流年乙丑、流月己卯，俱為木旺剋土之象，故因肝癌病逝，享年58歲）：丙寅、己亥、辛

卯、庚寅。(《八字心悟》第109頁)

3. 周恩來(壬為膀胱、癸為為腎。周恩來於1972年(流年壬子)證實患上膀胱癌,其時周恩來大運辛酉,是辛酉、丁卯反吟;丙午、壬子反吟,故主凶。其後周恩來於1976年1月8日(流年乙卯)死於膀胱癌,是年周恩來犯歲運反吟,復遇反吟之三連環;加上交脫辛酉、壬戌大運,故主凶):戊戌、甲寅、丁卯、丙午。(擇自《八面圓通》)

4. 五行流通之上佳命造(五行流通有情,一生少病。辛丑巳暗三合化金、逆生天干癸水地支子水、逆生日干甲木時支寅木、順生時干丙火,五行重重相生,加上丙火得令,主一生少病,福壽無疆):辛丑、癸巳、甲子、丙寅。(《八字心悟》第154頁)

## 第六十九訣:健康水訣(健康訣之二)

1. **水**:土多水塞、金多水濁、火多水沸、木盛水縮、水旺無洩。

2. 金多水濁:易患膀胱(壬)或(腎)結石症。

3. 火多水沸:易患腎水不足及腎虛癆等症。

4. 土多水塞:易患腎、膀胱及泌尿系統諸病,耳疾或聽覺受損等。

5. 木盛水縮:生殖器官諸疾。

6. 水過多,若水氣凍結,易患腎水凍結不通,

腎機衰弱等病症；易患腦溢血，心臟病（剋火），糖尿病（洩土），風濕症，關節炎，及泌尿系統諸病（水旺無制），四肢寒冷，肝病諸症（水多木漂）。

7. 腎屬北方水，為黑帝。左曰腎屬壬，右曰命門屬癸。腎病則耳聾骨痿，腎合於骨。其聲為呻，開竅於耳，其榮髮也。恐傷腎。諸寒收引，皆屬於腎。以苦補之，以鹹洩之。

**命例：**

1. 梅豔芳（火多水沸：易患腎水不足及腎虛虧等症；土多水塞：易患腎、膀胱及泌尿系統諸病。2003年流年癸未，梅豔芳大運丁丑，因子宮頸癌病逝）：癸卯、壬戌、丙戌、丁酉。（《八字心悟》第194頁）

2. 龔如心（土多水塞：易患腎、膀胱及泌尿系統諸病。名局四土極旺，丙辰大運中於2004年2月健康檢查時發現患卵巢癌病，並於2007年4月3日因卵巢癌及其癌細胞擴散逝世）：丁丑、己酉、己未、壬申。

3. 女命（水開竅於耳。癸水死絕，腎虛，長期腰腳患，2000年（己未運、庚辰年），一耳突然失聰）：癸巳、甲寅、甲辰、丁卯（1953年2月22日卯時）。（《八字心悟》第231頁）

4.  女命（腎病則耳聾骨痿，腎合於骨。癸水死絕，腎虛，於酉大運中巳酉丑三合，始患風濕性關節炎，甲運甲己合化土再剋癸水，戌遇丑戌刑，病程一直未見起色）：己卯、己巳、癸丑、戊午。

## 第七十訣：健康木訣（健康訣之三）

1.  **木**：強金伐木、土重木折、水多木漂、火炎木焚、木重無泄。

2.  火炎木焚：頭髮易棕赤或有綣髮之象，且易因肝火虛旺而引起皮膚之毒，易患神經痛症。

3.  強金伐木：易患肝膽、神經性衰弱、四肢筋骨等病症。

4.  土重木折：易患肝胆結石症，易患神經性衰弱症。

5.  水多木漂：易患神經性衰弱症。

6.  木重無泄：是中醫所說之「肝實症」，易患胃腸及消化系統病（土被剋），生殖器官諸疾（木能洩水），皮膚病（囚金），肝火虛旺，及易跌傷撞傷等（木主筋）。

7.  肝屬東方木，為青帝。肝合筋，其榮爪也。其聲為呼，開竅於目。怒則傷肝。諸風掉眩，皆屬於肝。以辛補之，酸洩之。

**命例：**

1. 男命（強金伐木：易患肝膽、精神性衰弱、四肢筋骨等病症。此造酉金極強旺，乙木為肝受剋，於80年、81年（庚申運、辛酉年）因肝病而死裡逃生）：戊午、辛酉、乙酉、辛巳。

2. 男命（強金伐木：易患肝膽、神經性衰弱、四肢筋骨等病症。命局金極旺，1980年（甲戌運、庚申年）精神分裂病，自此時好時壞，常有自殺傾向及常自稱見鬼，發病每在申金月份）：甲辰、癸酉、己巳、辛未（1964年9月17日未時）。（《八字心悟》第232頁）

3. 男命（火炎木焚：頭髮易棕赤或有鬈髮之象，且易因肝火虛旺而引起皮膚之毒，易患神經痛症。於辛未年戊戌月三刑激烈，加上辛金剋乙木，主外來傷害引起神經痛症，幸而大運在辰水庫，火勢受控，不至被剋死。）：**丙午、甲午、乙丑、丙戌。**

4. 女命（強金伐木：易患肝膽、神經性衰弱、四肢筋骨等病症。二十歲起大運戊戌，二十歲庚申年下半年起患肝膽病，二十一歲辛酉年病況加重，壬戌年得壬水生乙木年始痊癒）：辛丑、丙申、丁丑、乙巳。

## 第七十一訣：健康火訣（健康訣之四）

1. **火**：水多火熄、土多火晦、金多火衰、木多火塞、火多無泄。

2. 土多火晦：易患貧血之病或衰弱之症。

3. 水多火熄：易患心血猝死之病，腦易受損，小腸病，眼疾及神經衰弱等症。

4. 金多火衰：易患眼目諸病、神經衰弱症及腸病。

5. 木多火塞：肝火虛旺，及易跌傷撞傷等（木主筋）。

6. 火過多無洩，是中醫所說的「心實症」，易患肺病、鼻病、大腸炎、皮膚病，支氣管炎及呼吸系病（剋金），易因肝火虛旺而引起皮膚之毒，筋骨酸痛（火能洩木），牙痛，神經衰弱，易患腎水不足及腎虛虧等症，男夢遺及婦女閉經白帶等疾病（囚水）。

7. 心屬南方火，為赤帝。心合於脈，其色榮也。其聲為言，開竅於舌，為神變之所。驚喜傷心。諸熱昏瘛，皆屬於心。以鹹補之，以苦洩之。

**命例：**

1. 藍潔瑛（水多火熄：易患心血猝死之病，腦易受損，小腸病，眼疾及神經衰弱等症。藍潔瑛於辛酉大運中，約2000年庚辰年、2001年辛巳年左右起，精神極受困擾，香港傳媒把她和陳寶蓮、蔡楓華、洪朝豐封為「四大癲王」）：癸卯、丙辰、庚子、庚辰。

2. 男命（水多火熄：易患心血猝死之病。此造患有先天性心臟病）：癸卯、癸亥、壬戌、庚戌。

3. 女命（金多火衰：易患眼目諸病、神經衰弱症及腸病。三十八歲壬申年、三十九歲癸酉年皆剋損原命丙火，故該兩年常患眼疾、神經衰弱症及腸病）：乙未、甲申、辛亥、丙申。

4. 女命（水多火熄：易患心血猝死之病，腦易受損，小腸病，眼疾及神經衰弱等症。丙火極弱，丙為雙目，1980年（癸巳運、庚申年）得白內障，1981年（辛酉年）失明）：丙辰、庚子、壬辰、乙巳（1916年12月26日巳時）。

5. 男命（水多火熄：易患心血猝死之病，腦易受損，小腸病，眼疾及神經衰弱等症。丁火極弱，於37歲時，大運甲午，流年戊子，子水沖剋大運午年，雙目突然失去視力，遍尋名醫，仍成因不明。流己丑年，

丑午相害，尤為凶險。及後癸巳大運，癸
水剋丁火，故康復無期。）：辛亥、丁酉、
癸亥、甲子。

## 第七十二訣：健康土訣（健康訣之五）

1. **土**：木重土陷、水多土流、金多土虛、火
多土焦、土旺無洩。

2. 火多土焦，易患皮膚過敏症，冬天皮膚凍
裂或患富貴手之皮膚病。

3. 水多土流，易患胃腸寒冷之症；易患神經
性衰弱症及精神分裂之病變。水多及濕土
太多：易患濕毒性皮膚病。

4. 木重土陷：易患胃潰瘍及出血等胃腸及消
化系統病。

5. 金多土虛：易患胃下垂之症。

6. 土過多無洩，易患腎、膀胱及泌尿系統諸
病，耳疾或聽覺受損等（剋水），心血衰弱
症、貧血之病或衰弱之症（洩火），皮膚病
症，易患肺結核及肺腫脈等病症（埋金），
脾胃脹氣等。

7. 脾屬中央土，旺於四季，為黃帝，主濕土。
脾為五臟之樞。其聲為歌，開竅於口。脾
合於肉，其榮唇也。憂思傷脾。諸濕腫滿，
皆屬於脾。用苦瀉之，甘補之。

**命例：**

1. 女命（木重土陷：易患胃潰瘍及出血等胃腸及消化系統病。此造木重土陷，土主脾胃，故其人胃病非常嚴重，從乙亥運起胃病未曾間，到了56歲起運轉南方遇火洩木通關生土，病始好轉，目前八十多歲但再無胃病）：甲寅、丁丑、甲寅、甲子。

2. 男命（土過多無洩：易患心血衰弱症、貧血之病或衰弱之症（洩火過甚）。三十四歲流年戊辰、三十五歲流年己巳，大運戊土，土旺極，洩火太甚，故該兩年患心血衰弱症，常失眠，常且有嚴重精神衰弱）：乙未、己丑、丁丑、乙巳。

3. 女命（金多土虛：易患胃下垂之症。先天有胃下垂之症，二十五歲流年壬申、二十六歲流年癸酉，兩年皆剋洩原局火土之力，故有胃出血之病變，胃病嚴重）：戊申、辛酉、庚子、丁丑。

4. 女命（火多土焦，易患皮膚過敏症，冬天皮膚凍裂或患富貴手之皮膚病。先天已有皮膚不佳之隱患，二十一歲流年丙戌與原局三合火局，造成命中火更盛，土更弱，故該年經常患皮膚過敏症。到二十三歲庚辰始好轉）：丙午、甲午、戊申、壬戌。

## 第七十三訣：健康金訣（健康訣之六）

1.  **金**：強火熔金、木堅金缺、土多金埋、水多金沉、金旺無泄。

2.  土多金埋：局中濕氣重，易患風濕症、關節炎及軟骨症；若辛金弱，局中濕氣重，易患肺結核及肺腫脈等病症。

3.  水多金沉：易患風濕症、關節炎及骨骼之病症。

4.  強火熔金：八字過於乾燥，而金水不足，易患肺炎、肺癆等疾病、耳疾或聽覺受損。

5.  木堅金缺：皮膚病，易受外力而傷及筋骨，易患肺炎、肺癆等疾病。

6.  金過多無洩，易患肝膽、四肢筋骨等病症，眼目諸病（剋木）；肺炎、腸炎，鼻炎，皮膚病等（皮膚大腸互為表裏），胃脾虛寒等病（洩土），易患膀胱或腎結石症（濁水）。

7.  肺屬西方金，為白帝。鼻為之宮。肺合於皮，其聲為哭，其榮毛也。悲傷肺。諸氣膹鬱，皆屬於肺。以酸補之，以辛洩之。

**命例：**

1. 男命（強火熔金：八字過於乾燥，而金水不足，易患肺炎、肺癆等疾病、耳疾或聽覺受損。酉金極弱，1975年（乙巳運、乙卯年）肺癆病入院半年）：丁酉、丙午、己卯、丁卯（1957年7月6日卯時）。（《八字心悟》第231頁）

2. 女命（金過多無洩，易患肝膽、四肢筋骨等病症，眼目諸病（剋木）。1995年乙亥年，患白內障，需接受手術治療）：辛酉、庚寅、辛酉、癸巳。

3. 女命（金過多無洩，易患膀胱或腎結石症（濁水）。八字強金阻塞水源，故先天有膀胱或腎結石症之象。二十一歲流年庚申、二十二歲流年辛酉，金極強旺，故多次因膀胱結石而開刀）：庚子、乙酉、辛酉、壬辰。

4. 男命（強火熔金：八字過於乾燥，而金水不足，易患肺炎、肺癆等疾病、耳疾或聽覺受損。命局酉金極弱，巳火大運中，二十四至二十八歲，流年丁卯、戊辰、己巳、庚午，火勢俱極旺，使局中強火熔金之象加重，故該段期間常患肺癆及常患肺病）：癸卯、己未、丙寅、丁酉。

## 第七十四訣：健康五行相剋訣（健康訣之七）

1. 《三命通會》之五行相剋訣整理：

- 有相剋而成疾者：金火相剋，生旺則瘍瘡癰腫，死絕則癆瘵嘔血；土木相剋，生旺主疲悶昏眩、風麻、小腸疾痛腫，死絕主吐食症塊，疽癖積滯之疾，或主中風；金木相剋，生旺主肢足骨節不完、眼目之疾，死絕主氣虛精脫、癆疾癰瘓之疾；水土相剋，主脾濕泄瀉、中滿痰嗽不利之疾。

- 金木相戰兮憂病骨，水凌火氣眼生煙，金水死兮為風癩，土多水少敗丹田，土遭木剋脾胃弱，火勝金殘血裡眠，水深金重逢水厄，遇水定落深淵，水少火多應受渴，火多土少語狂顛，水若深兮火若明，水滿火明壽難延，金絕切忌四肢損、土多帶火受憂煎、木若盛時應蹇塞，更須仔細辨根源。（《三命通會》引用《燭神經》）

- 木剋土者，內主脾胃不和，翻胃隔食、氣噎蠱脹、泄瀉黃腫、擇揀飲食、嘔吐噁心；外主右心沉重、濕毒流注、胸腹痞塞。婦女主飲食不甘、吞酸、虛弱、呵欠困倦。小兒主五疳五軟、內熱好睡、面色痿黃是也。

- 金剋木者，內主肝膽驚悸、勞瘵、手足頑麻、筋骨疼痛；外主頭目眩暈、口眼歪斜、左癱右瘓，疊撲損傷。女人主血氣欠調、有孕者墮胎。小兒急慢驚風、夜啼咳嗽、面色青黯是也。

- 火剋金，內主腸風痔漏、糞後下血、痰火咳嗽、氣喘吐血、魍魎失魂、虛煩勞症；外主皮膚枯燥、肺風鼻赤、疽腫發背、膿血無力。婦女主痰嗽、血產。小兒主膿血、痢疾、面色黃白是也。

- 水剋火者，內主心氣疼痛、顛癇舌強、口痛咽啞、急慢驚風、語言蹇澀；外主潮熱發狂、眼暗失明、小腸疝氣、瘡疥膿血、小便淋濁。婦女主幹血氣經脈不調。小兒主痘疹、疥癬，面色紅赤是也。

- 土剋水者，內主遺精盜汗、血濁虛損、寒戰咬牙、耳聾眼盲、傷寒感冒；外主風蟲牙痛、偏墜腎氣、腰痛膝痛、淋瀝、吐瀉、怕冷惡寒。女人白帶鬼胎、經水不調。小兒主耳中生瘡、小腸疼痛、夜間作炒、面色鯫裏是也。

2. 五行相剋訣之重新整理：

- 木土相剋；易患脾胃弱諸症、腸炎等病，易患肝膽結石症、視力易老花眼或弱視，易患偏頭痛，日常易筋骨扭傷。

- 火金相剋：易患肺部咽喉之病、皮膚病，易患頭暈、失眼症，婦女易有血氣經脈失調，日常易燒傷、燙傷。

- 土水相剋：易患健忘症、尿毒症、腎及膀胱諸病、動脈硬化中風，腦溢血諸疾，易有失聰症，易有脾胃寒、消化不良等症。

- 金木相剋：易患筋骨、關節、肝膽、十指、眼目、四肢等諸疾病，易患骨骼脆弱症、哮喘症、顏面神經諸病、牙病等。

- 水火相剋：易患心血衰弱症，中風、小腸炎、眼目諸病，易患泌尿系統諸病，婦女易患血氣經脈不調諸病，日常易燙傷。

**命例：**

1. 男命（金木相剋：易患筋骨、關節、肝膽、十指、眼目、四肢等諸疾病，易患骨骼脆弱症、哮喘症、顏面神經諸病、牙病等。於1981年，大運癸巳，流年辛酉，三合金局天剋地沖日柱乙卯，比劫主手足，卯木主手指，斷四指）：辛丑、乙未、乙卯、甲戌。（《八字心悟》第232頁）

2. 女命（土水相剋：易患健忘症、尿毒症、腎及膀胱諸病、動脈硬化中風，腦溢血諸疾，易有失聰症，易有胃寒、消化不良等症。壬水死絕，水竅在耳，童年失聰）：壬寅、壬寅、戊戌、丙辰。（《八字心悟》第231頁）

3. 女命（水火相剋：易患心血衰弱症，中風、小腸炎、眼目諸病，易患泌尿系統諸病，婦女易患血氣經脈不調諸病，日常易燙傷。患有嚴重的貧血，血壓很低，於1992年，壬午年、戊申月嘗暈倒住院）：己未、丙子、乙丑、壬午。

4. 男命（水火相剋：易患心血衰弱症，中風、小腸炎、眼目諸病，易患泌尿系統諸病，婦女易患血氣經脈不調諸病，日常易燙傷。其本人為盲派命理師，三歲（戊寅）患青光眼，四歲（己卯）失明。以中醫來說，這是心腎不交，火土熬乾腎水而致，因眼瞳是腎水的神）：丙子、戊戌、壬午、丙午。

5. 女命（水火相剋：易患心血衰弱症，中風、小腸炎、眼目諸病，易患泌尿系統諸病，婦女易患血氣經脈不調諸病，日常易燙傷。患有不孕症，中醫的看法是月經不調、血海虛寒。二十一歲前大運甲寅、乙卯可以洩水生火，若在木運中，應當可以受孕，可惜當事人在廿五歲才結婚）：丁亥、癸丑、己未、癸酉。

6. 男命（土水相剋：易患健忘症、尿毒症、腎及膀胱諸病、動脈硬化中風，腦溢血諸疾，易有失聰症，易有脾胃寒、消化不良等症。丁火極弱、水土相剋、高血壓、心臟病、糖尿病等。1997年（庚午運、丁丑年）心臟病入院「通波仔」）：戊子、乙丑、壬戌、辛亥。

## 第七十五訣：精神健康訣（健康訣之八）

1. 食神傷官洩盜太重，有神經系統不良及失眠之象；**日主旺極無食傷洩秀，易遇到痛苦無所宣洩，易生抑鬱。**

2. 日弱缺印，命中失在保護，體質及意志較薄弱；**印多為病，易精神恍惚，神經衰弱。**

3. 剋洩太重，日主不勝負荷，易意志消沈，腦力衰退。

4. 命局刑沖重見，易鑽牛角尖，較神經質。

5. 土多為病又無強木疏導（土多火晦、土重金埋、土多水涸、土多木折），不懂變通，凡事易鑽牛角尖。

6. 火代表生機及意志，若遇丙丁日主，日主又弱，火受剋滅，則生機及意志較薄弱。

7. 八字中，火若受剋滅，足以使腦受損，故是生機減退之象；若全局火旺無制，也足以傷害腦神經或精神易常。

命例:

1.  女命(土多為病又無強木疏導,不懂變通,凡事易鑽牛角尖。日主旺極,火為印星亦弱。三十一歲流年辛未,適逢丑運,再逢三刑,刑沖重見,因感情問題而鑽牛角尖,最終輕生,藥石罔效):辛丑、戊戌、戊子、壬戌。

2.  男命(火代表生機及意志,若遇丙丁日主,日主又弱,火受剋滅,則生機及意志較薄弱。加上日弱缺印,命中失在保護,體質及意志較薄弱。大運又遇水、金,故自小日間常神智恍惚,愛發白日夢,晚上睡不著,故有神經衰弱之問題,常興輕生之念):丁未、癸丑、丙申、戊子。

3.  女命(土多為病又無強木疏導,不懂變通,凡事易鑽牛角尖。原註曰:「土多火晦,乙卯運,犯土之旺,自縊而死。」):戊戌、己未、丙辰、壬辰。(擇自《滴天髓徵義》)

4.  女命(剋洩太重,日主不勝負荷,易意志消沈,腦力衰退。二十七歲流年戊辰、二十八歲流年己巳,官殺旺極剋身,故數度嘗試自殺,幸有運庚金,故能逃出鬼門關):壬寅、癸卯、癸丑、己未。

智理文化系列

# 增修八字百訣 上冊

作者
覺慧居士

增修
溫民生

編輯
中華智慧管理學會

美術統籌
莫道文

美術設計
曾慶文

出版者
資本文化有限公司
地址：香港中環康樂廣場1號怡和大廈24樓2418室
電話：(852) 28507799
電郵：info@capital-culture.com
網址：www.capital-culture.com

鳴謝
宏天印刷有限公司
地址：香港柴灣利眾街40號富誠工業大廈A座15字樓A1, A2室
電話：(852) 2657 5266

承印者
資本財經印刷有限公司

出版日期
二〇一九年七月第一次印刷